实践出真知

真知卓剑

任晓剑 著

當代中國出版社
Contemporary China Publishing House

图书在版编目(CIP)数据

真知卓剑 / 任晓剑著. —北京：当代中国出版社，2008.4
ISBN 978-7-80170-696-6

Ⅰ. 真… Ⅱ. 任… Ⅲ. 经济—文集 Ⅳ. F-53

中国版本图书馆 CIP 数据核字(2008)第 044417 号

出版人 周五一
责任编辑 毛颖捷
责任校对 王小芸
装帧设计 古 手
出版发行 当代中国出版社
地 址 北京市地安门西大街旌勇里 8 号
网 址 http://www.ddzg.net 邮箱:ddzgcbs@sina.com
邮政编码 100009
编辑部 (010)66572152 66572154 66572155
市场部 (010)66572157 66572281 66111785
印 刷 北京振兴华印刷厂
开 本 640×960 毫米 1/16
印 张 13.25 印张 2 插页 140 千字
版 次 2008 年 5 月第 1 版
印 次 2008 年 5 月第 1 次印刷
定 价 35.00 元

目　录

自序　中流激水，浪遏飞舟 …… 1

上篇　中国商人式的思考

实践和真知 …… 4

企业长寿之道 …… 4

民营企业发展中的金融运作 …… 11

创新发展，止于至善 …… 15

剖析民营经济战略迷局，探索公司发展深层动因 …… 25

成功之路 …… 47

书山拾英 …… 67

谁来提出问题? …… 67

便于操作的A管理模式 …… 69

知识不是经济 …… 71

罗文的忠诚 …… 74

中篇　微观民营企业生态

从科瑞经营看起 …… 78

成功缘于选择 …… 78

置身全球视野，谋求企业发展 …… 82

你经常回忆吗？ …… 97
以资本纽带联接，走合作发展道路 …… 100
依靠科学管理将科瑞带向新的十年 …… 106
永葆创新活力是科瑞未来的成功源泉 …… 115
努力实现战略目标，全面提升资本价值 …… 128
在成长和创新中再现奇迹 …… 139
造就一家很“酷”的公司 …… 148
用转型凝聚的力量推动科瑞前进 …… 161

企业文化的凝聚力 …… 181
信任之剑高悬 …… 181
我们科瑞人，有颗火热心 …… 183
走过七月 …… 185
提升与交流 …… 187
科瑞文化的发展与创新 …… 189
我们永远同行 …… 196

下篇　修身养性

三思而后行 …… 202
保住眼睛 …… 203
以小说大 …… 204
独木桥上的文人 …… 206
今夜无梦 …… 208

自 序

中流激水，浪遏飞舟

如果上帝再给我一次生命，我将仍然钟情于双鱼座，也愿意再属鸡；就算一切重来，过去的人生旅途仍是我不愿舍去的选择。我仍愿选择黑龙江作为我的故乡，宁愿从小就接受磨难，以获得顽强的生存能力。

在我11岁的时候，被划为“走资派”的父亲经历着无法抗拒的磨难，我则随母亲下放到江西上高县的一个只有八户人家的小山村，种过贫瘠的土地，吃过“美味”的野菜，每天要走长长20里山路，去读那些被当时的多数人认为“无用”的书。

1974年10月，我高中毕业，和当时大多数学生一样满怀革命热情，投身到广阔天地，加入到“绣地球”的“伟业”。1975年，我加入中国共产党，并成为一名党支部书记，带领四十多名和我一样的热血知青和十多名贫下中农，硬是把一片荒地开垦成千亩茶园，用肩膀挑出了六幢瓦房，自己解决了发电和自来水，买了拖拉机、电影机、电视机这些在当时被称为高档的玩意儿，于是乎远近闻名，全国各地来参观学习的人络绎不绝，由此初次领略到创业的艰难和幸福。

即便有如此“成就”，却由于家庭出身问题，招工、参军、上大学仍然与本人无缘。直到1977年恢复了高考，父亲的磨难已不再成为阻碍我发展的莫须有的理由时，“幸运女神”才携着我步入大学之门。

1982年我被分配到许多人眼热的江西省经贸厅工作，1984年任中国出口商品基地建设公司办公室副主任，时年27周岁，随后被调至中国农业银行江西省分行国际部。

1987年7月，正是我而立之年，中国农业银行与国外五家银行拟设立合资银行，经多次考试和挑选，我有幸被录用，开始真正接触国际金融业务，在中国金融界的上层“混”将起来，并结识了郑跃文，成为知己。1992年4月，合资银行创办搁浅，我遂被调至中国农业银行总行国际部，先后到瑞典和香港地区学习、工作。同年7月，按捺不住内心的冲动，我“下海”参与创办“科瑞”，终被卷入中国社会主义市场经济的洪流之中。

伴随我走到今天的，不仅是一次次机遇，更多的还是在困难中的拼搏和在逆境中的挣扎。这些拼搏和挣扎，让我初步体验到毛泽东同志所描述的“到中流击水，浪遏飞舟”之惊险与快乐。

上篇

中国商人式的思考

企业长寿之道

经营是企业的灵魂，是企业家永恒的使命。经营渴望则是推动企业家完成其使命的源动力之一。对于企业家来说，失去经营渴望与失去经营策略同样可怕。企业家的经营渴望来源于其自身对财富创造的永无止境的向往，也来源于企业曾经历过的一次又一次的危机所带来的精神磨难乃至心灵震撼。

保持一颗向往财富的心

德国的戴姆勒奔驰公司早已成为世界汽车制造业的一面旗帜，而克莱斯勒则是美国汽车制造业的巨头。如果十几年前有人预测这两家企业终将会“在一只锅里抡马勺”，别人肯定会说这人是个疯子。然而 1998 年 1 月 12 日，时任奔驰公司董事长的尤尔根·施伦普与时任克莱斯勒公司董事长的罗伯特·伊顿的首次会谈只不过持续了 17 分钟，却就此决定了奔驰与克莱斯勒公司的联合。两强联合影响着近 50 万人的命运，将创造 2600 亿马克的年营业额，几乎相当于整个丹麦的国内总产值。这一消息立刻震动了全球工业界和经济界。

戴姆勒集团的战略规划负责人考德斯后来回忆道：当时在董事会上谈到公司业务的时候，我们总是离不开轿车的话题。仅靠梅塞德斯的牌子，我们的增长已经达到了极限。要想获得新的增长点，就必须依靠其他的牌子。

总是想不断培植新的增长点，总是能够使企业所创造的财富总量超过原有的极限，这才是真正的企业家。

当然，谁都想赚钱，可是，小富即安的思想和财富积累的向往却真是两回事情。由于流传时间久远，小富即安的观念在中国仍然有着非常广泛的生存空间。最典型的一种表现就是害怕兼并，哪怕这家企业已经走到了破产的边缘，也无论如何都要守住自己的企业不被其他企业兼并。被人兼并普遍被看作是一种耻辱，未被兼并则像是一种荣耀。无论对国企还是民企，个体还是私营，乡镇还是外资，我们的信条永远是“创业难，守业更难”，守住了才是英雄，被兼并的都是狗熊。有多少人真正认同一加一大于二的计算结果？

小富即安的观念是企业长寿所面临的最大敌人。所有的河流都向往着大海，从来没有哪条河流因担心会被其他河流所“兼并”而裹足不前；所有真正的企业家都向往着能够不断地创造出新的、更多的财富，这是企业家的天性，这种天性不会因为遭遇任何挫折、任何阻碍而略有削减。

奔驰和克莱斯勒都早已不是“小富”、不是“中富”了，中国什么时候也能出一两家奔驰或者克莱斯勒这样的企业，中国的汽车工业就真正走在了世界的前列。可是，想像一下，一旦中国真有一家自己的奔驰公司，有谁愿意我们的奔驰公司被人兼并？又有谁愿意将自己这么好的一家企业拱手让人？

当然，奔驰公司并不是被克莱斯莱兼并，更不是被拱手让人，它们是互相兼并，或者说是资产重组——可这又有什么区别呢？类似于或者有别于奔驰和克莱斯勒的案例还有很多很多，对于我们来说，终归是原来属于自己独有的存量资产，变成大家所有，甚至社会共有；原来是自己一个人说了算的家天下，现在凡事得与人商量，甚至举手表决；原来是一人之下、万人之上的众多高管，现在可能将要面临着降职，甚至被重新录用或者“下岗”的境地。有谁能够算得清楚这其中的利害得失？是企业重要一些，社会重要一些，还是个人更重要一些？

守业与创业，守住财富与创造财富，两者泾渭分明，截然不同。企业是永远都守不住的，所谓逆水行舟，不进则退。在某种意义上，企业家比军事家更难当——对于军事家来说，天下还总有被打下来的那一天，仗也总是会有打完的时候，之后只要一心保家卫国，守得住江山就行了。而对于企业来说，绝没有什么永远的敌军，更没有什么永远的友军。天下总是有得打，仗也永远都没有打完的那一天。如果一位企业家觉得没有什么仗可以打了，那一定是他已经败下阵来了，或者他觉得天下已经被他打完，以后只要守住就行了，那么，这个时候距离他的天下被别人打下来的那一天已经不远了。

对于非企业家人士来说，小富即安确实是一种美德，知足常乐的观念能让人感受到幸福和安定。可是，在幸福和安定的基础之上可以建立起一个美满家庭，却建立不起一个成功的企业。

永不满足于现在的市场占有率，永不满足于已经拥有的财富，永不满足于企业目前在《财富》杂志上的排列名次——或者不满足于企业至今还未进入“世界五百强”行列的现状，永远想着不断创新，不断创造出新的财富，只有这样的企业才有可能成为百年老字号的长寿企业；具有这种天性的人，才有可能成为真正的企业家。

失败是成功之母

成功是企业永恒的追求。

企业创办之初，参与创办企业的人们，绝大多数都坚信自己的企业今后一定会走向成功。因为，我们已经做了充分的市场调查，我们有了足够的资本金，拥有一流的人才队伍，引进了先进的技术手段或者设备，具备了走向成功的一切必备条件，再加上我们这几颗聪明的脑袋，我们不成功，谁能成功？

可是几年下来，企业不但没有呈现出一点点成功的迹象，反而越做越小，市场份额越来越少，日渐增长的不是营业额，不是利润，更不是股权收益，而是亏损额，是负债，是仓库里越积越多的那些当初被我们看做是宝贝、如今却怎么也卖不出去的存货。

我们不是早就已经具备了成功的一切条件吗？为什么我们还没有成功？我们还缺少什么呢？

也许有一个现成的答案，就怕我们不敢接受。那就是——

我们缺少失败，我们因此失败。

如果我们从来没有经历过失败，没有思考过失败，更没有准备面临失败，那么，我们必然会走向失败。这是一条任何人都绕不过去的坎，包括所有曾经成功过和从来没有成功过的人们，也包括很多历史伟人、知识精英、企业巨子，乃至精神领袖，失败是他们拥有的共同经历，是帮助他们成功的宝贵财富。

美国有一个城市叫做布法罗。一百年前，有位年轻小伙子来到这里闯世界。此前，他在17岁的时候，第一次在家乡为人打工，做推销员，就曾经品尝到了失败的苦涩。他的老板当时借给他一辆马车，他赶着马车到农民家里销售钢琴、风琴和缝纫机，从此，销售便成了他一生的工作，他的人生格言就是“一切始至销售”。当时，老板每周付给他12美元的薪金，小伙子认为这是一个不少的数目，比镇上银行出纳员挣的钱都多。可是后来另一位推销员说他被老板耍了，并且告诉他，推销员应该拿佣金——也就是我们常说的按销售比例拿提成。如果按照拿佣金的方式，小伙子一周的收入应该是65美元。于是，这位小伙子在第二天便辞去工作，炒了老板的鱿鱼。

小伙子的名字叫托马斯。托马斯来到布法罗之后，又有人非常赏识他的才干，这人名叫巴伦。巴伦也是一位推销员，他雇请托马斯当他的助手。托马斯又一次犯了轻信的毛病，将巴伦看作是他“所见过的最有见识和最迷人的人”。托马斯开始全身心地投入到了与巴伦的合作当中，与他一同兜售股票。巴伦每到一个城市，都住当地最好的旅馆，然后告诉领班：我是巴伦！吃饭的时候，必须让侍者呼喊三遍我的名字！这样一来，消息很快就传出去了：城里来了一位重要的陌生人，专门销售股票。股票生意做得很不错，巴伦将第一次的收入就都给了托马斯，作为他的佣金。托马斯干得非常勤奋，还用最初赚到的钱开了一家肉店。托马斯心里期待着能够多做几次股票生意，多积累一些资金，今后可以将肉店扩大，或者继续开几家分店。

可是，托马斯的美梦很快又破灭了。在一次外出销售股票的旅途中，一天早晨托马斯醒来时，发现巴伦不见了，并且带走了他们所有的钱。托马斯没有任何积蓄可以依靠，只好又回到布法罗，将那家刚开张不久的肉店盘给了别人。

第三次失败，发生在托马斯成家之后。这时，他已近中年，不再是小伙子了，并已成为有着美国商业史上“现代销售之父”美誉的帕特森的助手，出任了美国现金出纳机公司的副总裁。帕特森有他自己的毛病，那就是独断专行，经常以威压和恐吓来管理下属，并无故解雇自己最好的雇员，疑心雇员会将公司夺走。有一次的销售会议时间太长，他竟然认为是与会人员没有集中精力，便顺手抄起一把防火斧将一台现金出纳机当场砍得粉碎。后来，另外一位副总裁在帕特森面前指称托马斯，说他拉帮结派、扶植亲信。于是，在一个销售会议上，帕特森便直接上台，打断了托马斯的讲话，将在座的其他人都褒奖了一番，就是不理睬托马斯。从此以后，托马斯不再被邀请参加会议，帕特森也不再与托马斯商量任何重要事情。于是，托马斯明白了，他只有辞职而去。

两个月以后，托马斯来到了纽约，当上了一家濒临倒闭的计算制表记录公司的经理。这家公司期待着托马斯能够力挽狂澜，或者尽量减少一点股东们的损失。

托马斯采取的第一个步骤，是举债。他向公司最大的债权人担保信托银行借贷5万元，作为开发研究新产品的经费。当银行指出该公司已经欠债400万元，没有资格再要求贷款时，托马斯回答道：负债表只说明过去，这笔贷款是为了未来！

托马斯运用了很多从帕特森那儿学来的技巧来激励和鼓舞公司中低落的士气。他创造了公司的口号和歌曲，他还办了公司的内部报纸，而这些都是对现金出纳机公司的模仿。托马斯只模仿现金出纳机公司那些正确的经商之道，扬弃错误。托马斯同样严格要求自己的雇员，但他抱定主意不解雇任何员工。托马斯告诉员工们："我需要你们！"由于托马斯是从底层摸爬滚打上来的，他最了解员工们的心理，深谙用人之道。托马斯相信，要想获得下属的忠诚，必须首先尊重自己的下属！

托马斯在60岁之前，一直都在高额的负债之下度日。他拆了东墙补西墙，任何时候，他都至少欠10万美元的债务，从未积攒起任何存款。只要有了一点钱，他就买公司的股票。他从自己的失败中得出的最宝贵的经验是"必须去加快资金的流动，去花钱"。当他手头紧时，他也从来不会惊慌。

1936年，美国政府发布了一份全美最高收入者的名单，托马斯荣登榜首。

我想，读者已经知道，托马斯将其从濒临倒闭的危机中挽救出来的这家小企业，就是后来的美国INTL. BUSINESS MACHINES公司——今天世界上最著名的计算机制作巨头——"IBM国际商用机器公司"。主人公托马斯即托马斯·沃森，小托马斯·沃森的父亲——老托马斯。

正视失败，实在是一件好事。在市场经济的条件下展开正常竞争，敢于失败才会成功。成功者固然应该获得人们的尊敬与喝彩，而勇于探索和敢于失败者，更应该归于英雄之列。就像那位永远受人尊敬的IBM公司的老托马斯，经历过了第一次失败，他才知道什么叫销售；经历过了第二次失败，他才知道什么叫积累；经历过了第三次失败，他才知道了什么叫管理。这三次失败给了他最宝贵的财富。这样的财富，仅仅通过书本是得不到的，不是谈论过了别人的失败就会拥有的，只有自己经历过并从中学习才能够刻骨铭心、受益终生。

走向成功，是人人都在做着的美梦；经历失败，却是上帝为我们指出的通向成功的道路。唯有昨日失败的阴影今天仍如利刃般在我们的头上高悬，时时予我们以警示与棒喝，我们才可能如学步的孩子，虽然一天天摔跤，却也在一天天长大，一天天走向成功。

民营企业发展中的金融运作 *

一、民营企业发展所处的金融政策环境

从 20 世纪 70 年代末到 90 年代末，经过将近 20 年的发展，民营企业在国民经济中的地位越来越重要了。但是，民营企业发展到今天，对资金的需求难以满足仍然是一个十分突出和迫切的问题。而且，对全方位金融服务的需求就更加明显。实际上，民营企业所处的金融和政策环境并不宽松，与之在国民经济中的地位是不太相适应的。这表现在以下两个方面。

第一个方面，民营企业在经济转型过程中资本市场发育的不充分性。

要创建一个企业，哪怕是做一单最小的生意，也都涉及到资本问题，涉及到资金的问题。资金的来源问题，对每一个企业运作者都提出来了。在西方国家，通过几百年的资本主义市场运作，资金的来源有很多途径。有资本市场，也有借贷市场，都很完善。中国经济是处在由计划经济到市场经济的转变过程中，资本市场不健全。即便发展到了现在，也只有一个很不完善的、很不成熟的股票证券市场，其他的东西正在形成当中。

* 本文撰写于 1999 年。

民营企业在资本市场不健全的前提下，只能通过各种关系，或者通过外部的合作来获取少量的资本进行操作，更多的则要依赖于金融、依赖于银行。所以说，我们民营企业所处的环境，是对银行信贷资金的需求刚性，必须要利用和依靠银行。

当然，经过了20年的发展，中国的资本市场正在形成的过程之中。包括股票、证券市场，以及现在的各种基金，尤其是最近各种媒体介绍比较多的风险投资基金，还有第二板块市场的问题，都已经开始得到党和政府的重视，并加紧步伐向前推进。这对改善我们的融资环境、改善民营企业的资金筹措环境，是有很大帮助的。但目前民营企业在发展过程中，资金需求是处于一个资本市场不完善的状况，面对的只能是金融和银行了。

第二个方面：银行如何看待民营企业。

首先，在市场经济形成的初期，人们对待民营企业都带有一定的偏见。因为民营企业本身是“私有”的性质，身份不好。国家经济政策、政府支持，尤其是银行的资金支持对民营企业限制较多。也就是说，政府的扶持力度不够，由于长期的计划经济，一讲企业投资，就倾向于大型的国有企业。尤其是现在下岗工人这么多，不能乱，银行要有所倾斜。

第二，银行对待民营企业也有个认识过程，是根据国家的政策来调整的。我们国家的金融机构绝大部分都是国有的，所以在政策方面有一致性。尤其是民营企业前期发展表现出来总是规模很小，也从另一方面导致了银行支持的力度不够。经过这些年和银行的磨合，民营企业和银行仍然在一种低水平上合作。

如何在这种并不宽松的情况之下进行我们的企业运作，是我们每个民营企业都面临着的难题。

第三，民营企业在前期发展过程当中，由于自身企业发展战略的不明确性，导致了部分民营企业发展方向的非理性化，出现了一些问题，使本来已经并不宽松的外部环境，对民营企业又产生了更加负面的印象。

二、关于金融服务

金融服务是民营企业超常规发展的推动器。

金融对经济的核力是非常大的。现在大家都知道，东南亚金融风波对整个世界经济产生了巨大的、极为深远的影响。最近，巴西也出现了金融风波，使美国都开始感到恐慌。所以，金融在经济生活中是非常重要的，有人称之为没有硝烟的战争，也有人称之为国家经济安全的头号杀手，各国舆论界都为之惊呼。所以，金融的作用，对宏观经济的巨大影响力，对微观经济的推动力，都是不可忽略的。

我们搞计划经济的几十年，并不需要更多的金融手段，所以，在金融上形成了一种非常单一的信贷方式，是一种非常简单的信赖关系。但从市场经济的一般发展规律来看，货币资本转换为借贷资本，这是不可避免的，但这还只是资本的原始运作方式。目前我们所处的这个时代，金融的服务已经远不止这种单纯的信贷支持，它表现出很多方面的内容，也导致了金融衍生工具的出现，导致了资本市场的出现。

现在的金融服务推陈出新，首先是大家都能接触到的资本市场。我们在学校学习的时候，资本市场是很抽象的一个理论，不知道是什么东西，老师在课堂上讲资本主义，西方国家的货币银行和西方国家的资本市场，都是很抽象的概念。现在，我们已经实实在在感觉到资本市场已经在我们身边出现。

资本市场包括股票、债券、基金以及中长期信贷。简单地说，资本市场是一种直接投资。人们要办企业，邀请大家都来投资，最后变成了这家企业的股本金。这种钱不用还。这就是资本市场。原来我们没有资本市场，现在也有了。这对企业经营来说，条件就宽松了。然后，资本市场之后又派生出了资本市场的衍生工具。衍生工具有很多，期权、期货都包括在内。索罗斯之所以能够在国际金融市场上捣乱，是因为他掌握了金融衍生工具，他可以通过这些手段来获取利润，同时也可以通过这些手段来避免风险，这是一个更高层面上的金融操作。第三个层面，出现金融衍生工具手段以后，又出现了金融工程。西方国家去年已经正式提出了金融工程师的概念，就是将金融工具数字化。去年，美国的两个诺贝尔奖获得者都是从期权计算公式上得奖的，这说明数字化操作已进入到一个非常高的层面上来了，金融工具已经可以量化了，不是一种简单的概念性的东西了。所以，这就是我们所面临的金融环境。

既然出现这些金融服务项目，怎样利用资本市场，怎样使用金融衍生工具，怎样运作金融工程，来为我们的企业服务，这就是我们的企业中每个决策者都要认真思考的问题。

做企业，每一个活动都离不开金融。企业要销售产品，首先自己要获取一笔资金，用来组织生产，组织货源。这就牵涉到了资金来源的问题。这个资金也许属于流动资金，是从借贷市场来的；也许是原始资本，从资本市场来的，这都涉及到金融问题。产品卖出去之后，要考虑结算问题，又是一个金融问题。怎样结算最安全、最保险、最快、最有保障，这还是一个金融问题。收回资金之后，还有一个归还贷款和重新使用的问题。对每个企业来讲，每一次经营活动都离不开金融。因此，企业应十分注重金融管理。

创新发展，止于至善

编辑部：自从担任集团公司执行总裁之后，您始终在强调“企业高管人员的执行力”这个具有现代色彩的概念。那么，执行力主要包括哪些方面的内涵？高管人员应该如何提高执行力水平？

任晓剑：一项战略如果得不到有效执行，只是停留在口头上，没有经过实践的检验，说明这项战略还是空中楼阁，并没有真正落地。尤其是企业的战略，只有变成了具体的行动，为企业创造出真正的效益，这样的战略才有意义。

处在市场竞争环境当中的民营企业，每时每刻都要考虑生存和发展的问题，每一项工作都必须围绕效益来进行。不管是制定战略，还是执行战略，其中都有一个风险问题，同时还有管理的成本问题。这也是作为企业这样一种社会组织形式，与其他类型的社会组织的本质区别所在。其他类型的社会组织形式，例如政府机关，其职能往往是单一的，费用也都由社会来提供。然而，企业之所以能够存在的一个最主要的前提，首先就是必须能够自己养活自己。如果连自身的生存问题都不能解决，其他的一切也都失去了意义。这就要求企业的战略只能是一种具体的、务实的战略，企业在每天、每月、每个财务年度的工作，都必须在规定的时间之内高效率完成，没有任何条件可讲。从这个角度来看，所谓企业的战略，最终还是一个执行的战略，或者说企业战略是否成功，关键要看执行的效果如何。

编辑部：执行力和创造力又有哪些区别？作为企业高管人员，执行力和创造力的侧重点是什么？如何解决执行力和创造力之间的矛盾？

任晓剑：战略需要执行，但战略的执行绝不是一种固定的模式。我们所说的战略执行力，其本身就包含着很多创新的内涵。或者说，没有创新的执行是一种简单的、机械的执行，而具有创新的执行，才是一种充满活力的、富于效率的执行。

我们国家目前正处在经济的宏观调控当中，企业面临的外部环境，包括金融环境、政策环境和市场环境，都发生了许多显著的变化，尤其是“银根紧缩”的现实，就活生生地摆在每一个企业战略执行者的面前，谁都不可能躲避，谁都必须认真面对。在这个时候考虑问题的方式，与一年前甚至半年前就大不一样了。尤其是在企业战略执行的问题上，面对一个事先谁都难以预测到的宏观经济变局，如果简单地、机械地执行战略，很可能会被严酷的现实碰得头破血流。因此，应变的能力变得如此重要，所有的执行者都必须放下以往对战略思考的固有模式，重新焕发出创造性的思维活力，才能继续将企业战略推向前进。

编辑部：一个有价值的公司，除了能够应对企业外部的风险之外，最核心的优势，应该在于其团队本身的能力。一般认为，这种能力主要表现在两点上，一是对投资者不撒谎，二是对投资者不偷懒。作为企业经营班子的主要负责人，怎么样才能做到这一点？

任晓剑：作为投资者来说，最重要的工作就是在投资之前，能够找到合适的经营者，并完成对整个经营班子的设定。企业唯一重要的资源，其实还是人。当然，这里所说的人并非作为个体的存在，而是一个完整的团队。在这样一个团队当中，大家的性格也许都不相同，兴趣爱好也可以各式各样，但是，一旦组合起来之后，就必须成为最有效率的团队，并且能够经受住市场竞争的长期考验。从这个角度来看，所谓的实业投资，其实还是对人的投资，也是对一项事业的投资，而不完全是对设备、厂房等的投资，更不是简单地可以说成是买了一家企业。我们之所以考虑投资一些企业，其实都已经作过深入的考察，是在经过选择的基础上形成的投资，是对人的基本素质有了判断之后的投资。也就是说，我们对这些企业的人才团队，他们为人处世的态度，他们的磨合程度，他们的事业精神，他们运营企业的方式和经验等等方面，都有了一个基本的认可。然后，我们发现他们在某些方面如果能够得到进一步改进，体制方面的约束如果能够解开，或者是包括股权分配的机制如果进一步放开，企业文化的传导进一步改善，监督机制的设立进一步完备，经营者们之间的信息传递、交换和沟通的方式进一步加强的话，这家企业就会得到进一步的发展，这个时候，就需要我们的投资决心和能力了。

编辑部：刚才你谈到了企业文化的传导。科瑞一直被朋友们认定为一家具有自身企业文化特色的企业，你认为科瑞的企业文化应该向外传导一些什么内涵？

任晓剑：企业文化中的第一项最基本的内容，来源于企业家的道德力量。第二个需要传导的内容，是企业如何做事和为人，或者说是为自己的员工提供了一个什么样的事业舞台。当你进入到这个舞台之后，原有的思维模式和为人态度，都应该具有一种包容和被包容的可能性，因此，这个舞台其实最终是大家共同来建造的。第三是大家都有一种宽松的心态，进而营造一种宽松和愉悦的工作环境，也就是我们常说的：既要赚快乐的钱，也要快乐地赚钱。我们要干的是一番大事业，大家都有一种“干大事”的感觉，有了一些大的原则和方向，同时还有一个宽松和愉悦的工作环境，当面临某种小的诱惑的时候，就会很自然地产生一种抵抗力，决不会因为想要获得个人的小满足，而去损害团队事业的大原则。这就与在那种小商店、小作坊工作的感觉，应该是完全不一样的。所以，科瑞的企业文化，应该是一种合作的文化，一种要做大事业的文化。

编辑部：科瑞走过了12年的风风雨雨，取得了很好的发展。作为个人，你认为自己最大的收获是什么？

任晓剑：我个人最大的体会，是中国开始有了一支自己的企业家队伍。

12年前，我还只不过是政府机关的一个普通工作者。“下海”之初，其实并没有过多地考虑自己究竟有多大的本领，能不能够在市场上立足，求生存、求发展。在离开传统体制、离开原来的那支团队的时候，心里其实还是有一些茫然的，也确实有一种“摸着石头过河”的感觉。12年之后的今天，再来回顾自己这些年来走过的道路，感慨当然有很多。如果说以前的自己只不过是一块矿石或者一块生铁的话，经过市场的锻造和岁月的磨炼，多少算是一块钢了，成为了企业家，对企业的发展能够做出自己的贡献，具有了一定的生存本领，同时也能够为中国的市场经济建设做一些自己能做的事情。

其实，我们这一代的中国企业家，还是形成了一些自身特点的，其中最显著的优势就是务实、创新和勤奋。应该看到，这一代的企业家，他们绝不只是在做着自己的企业，而是将自己的工作融入到了社会的经济运行当中，为整个国家的经济发展贡献出了自己的智慧和才华。能够成为他们当中的一分子，以12年的经历和磨炼，成为这一批懂得市场运作的人群当中的一员，我感到十分的荣幸。

编辑部：如果完全按照自己的兴趣来决定，或者假定上帝一天能够给你36小时，你选择的第二职业会是什么？

任晓剑：我很想选择做个学者，把我们这么多年来积累的经验，提升到理论的高度，为后来的人们提供一种借鉴。

中国总是要强大的，而决定一个国家强大与否的，最终还是经济实力。作为市场经济社会，我们最缺乏的人才，其实还是那种真正能够从市场的角度，同时又符合中国整体发展模式来做出判断的人才。还记得在澳洲，跟我的研究生导师第一次谈到这个问题的时候，我就提到过这样的问题：对于市场经济来说，是不是西方的模式才是最有效率的？是不是西方目前经济运行的体系是最科学的？从目前的情况来看，这方面并没有更多的研究成果。虽然，西方的几个发达国家的发展模式确实表现得很有效、很科学，但在中国的这块土地，有自己的一些很特殊的东西，不可能完全放弃，也不可能百分之百地引进西方的模式。就先不说国家和民族的不同，即便是在两个不同的企业之间，完全复制肯定是不行的。这其中既有历史和文化的不同，也有政治体制的不同，甚至还包括劳动力素质的不同。另外还有社会习俗和思想观念的差异，这一切所导致的结果，就是中国的市场经济一定不会完全按照西方的模式。

但是，我们能否产生一种比西方更有效的经济模式呢？这其中最关键的，还是要看能否找到与我们的文化背景最融洽的道路。

也许，这一点目前暂时还没有人来作深入的研究。我们也可以将问题推到极端的程度，即完全的官僚体制，完全的资源集中，完全的计划模式，相对于完全的市场开放，完全的资源分立，完全的自由模式，是不是就一定效率低下？哪种体制对社会稳定的破坏力更强？哪种模式更能提高人们的幸福指数？哪条道路更符合可持续的发展观？

当然，这一切都只是假设，只有当我成为了一个学者之后，才有时间和精力去研究。

编辑部：你喜欢下属的哪一种做事风格？

任晓剑：最简单的例子，就是让下属用电脑打印一份文件，他很及时地完成了，但却不做任何排版，包括字体、字号和行距都不做任何改变，然后就直接交到我的手上。我还不能说他没能完成任务，因为他确实打印完了，但看这种文件的人会很难受。尤其如果是交给客人看的资料，人家会感觉这家公司的水平很低。同样是这样一件工作，如果编排非常有序，分段分行都非常合理，字体和版面都非常清晰整洁，再交到你手上的时候，一看就会很舒服，这其中就有一个数量和质量的问题。

不同的人做同一项工作，效果总是不一样的。因此，我们在完成任何一项工作的时候，都必须提醒自己，其中不仅有一个数量和时间的要求，同时还包含着质量的要求。再比如司机，他的工作是把车开好，平时还要做好车辆的维护工作。如果让他送一位客人去天安门，司机先是在北四环绕一圈，再经过西四环到南四环，然后才直线开到天安门，当然也算是到了目的地，完成了任务。但是，好的司机都会按照最佳路线，不但节约了车辆和汽油的损耗，还提高了车辆的使用率，节约了客人和自己的时间。所以，我们做任何事情，都要有一种良好的心态，对于上级交代的工作，不是那种“做完就算了”的态度，而是要尽力把工作做到最好。所以，“止于至善”应该成为我们长期坚持的为人处世风格。

还有一种作风，是上级向下级交代了工作之后，下级每天都来和上级讨论，提出各种各样的问题，总是说自己找不到感觉，虽然摆出的是一副忧国忧民的姿态，可就是没有解决问题的办法。有这样的下级，其实比没有更加难受。

编辑部：目前正在进行的宏观调控，对民营企业带来的影响是什么？

任晓剑：相对于理性的企业，宏观调控带来的负面影响是比较有限的。而对于那些非理性的、极度扩张的企业来说，即使用“灾难性”来形容，恐怕都不过分。与西方成熟的市场体制比较，中国的金融市场还处在发育中，不可能允许民营企业走得太快，这一点我始终在强调和提醒大家。民营企业只能做一些债务性的融资，但过度的债务融资必然导致企业破产，这本来是一个非常简单的道理，但就是没有引起一些企业家的警惕。

首先，影响我们国家经济运行的几大商业银行，其实并不是真正的市场条件下的商业银行，或者说，影响这些银行决策的因素，并不总是来源于市场，而更多地是来源于行政干预。其二，银行管理体制是政府式的，其组织体系由政府构建，所有高管人员的升迁和薪俸，都是由政府官员来直接掌控，从而形成了政府控制金融的强势局面。其三，中国大部分的金融资产都是政府资产，受到政府的调配和使用，而不是一种市场运作形成的资产。因此，当企业向银行举债的时候，尽管企业的目的只是为了融资，但仍然要受到政府的监控。政府监控和评判的标准，当然和市场的监控评判标准是不完全一样的，这就很容易形成一种政策性的风险，就是想躲都躲不过去，想化解都难以化解。这就意味着，在这种环境下经营和生存的民营企业，不但要勇于面对经营性的市场风险，还要有能力承担政策变化所带来的风险。

编辑部：作为工商管理学硕士，您对企业管理核心问题有何看法？

任晓剑：管理问题的核心，在于权力和责任的对等。

要想实施管理，就必须拥有管理的权限，否则管理就成了一句空话，不可能开展下去。例如，某个部门的一位员工，总是无故旷工，动辄跳脚骂人，但管理部门却无权干涉，既不能给予批评，也不能实施解聘，这样的管理就会成为笑话。因此，对于科瑞这样一家集团性的企业来说，在哪一个部门、哪一个级别上，就必须拥有与其配套的管理权限，这是管理工作得以展开最基本的前提。

但是，当你拥有了权力之后，是否就一定能够把管理工作做好呢？拥有权力才能管理，但拥有权力并不一定就能搞好管理，这其中有一个管理的方式方法问题，甚至可以说是管理的艺术问题。

有人说管理是一种意识，还有人说管理是一种服务，这两种看法我都比较认同。

十几年前我在德国工作的时候，从一位德国银行的总经理那里，第一次听到“管理是一种服务”这个概念，但那个时候理解得并不够，只是经过了这些年的实践之后，才对这句话有了比较深刻的理解。管理人员在自己权限的范围之内，如果能够努力为大家创造一个更加宽松的环境，使得大家的才华都能够更加容易地施展出来，我们还有什么理由做不好工作呢？因此，管理的最终目的，就在于提供一个更加适合于才华施展的舞台和环境。

编辑部：应该如何处理管理和效率之间的关系？或者说，究竟是效率服从于管理，还是管理服从于效率？

任晓剑：如果处理不好，这两者之间确实会发生冲突，关键在于工作实践中的灵活处理和掌握。当企业面临着一种风险，或者说，某种行为方式可能对企业造成一定程度风险的时候，效率更多地要服从于管理。企业毕竟是最讲效率的一种社会组织形式，没有效率的企业就不可能有效益，没有效益就不能生存，所以，企业确实存在效率优先的原则。但是，讲效率不是唯一的标准，也不是唯一的原则。既然是一种组织形式，企业当然会有某些具有一致性要求的行为规范。当这种规范有可能被突破，并对企业造成风险的时候，效率必须服从于管理，这是毫无疑义的。至于什么时候效率优先，什么时候管理优先，这要看具体情况，看管理者的管理水平。

编辑部：管理还有一个成本的问题。这两者之间的关系应该如何处理？

任晓剑：管理的成本主要是一个如何控制的问题。要管理，就必然会产生成本。如果出现了一种不计成本的管理，那么，这种管理的本身就已经出现问题了。

对于企业来说，直接从事于效益创造的人员，与从事企业管理工作的人员，这两者之间有一个比例的关系，对于处于不同的行业，不同的企业，这种比例的数量也是不同的。此外，企业还有另外一些人员，他们既不是效益的直接创造者，也不是管理人员，但从事的工作却对企业同样十分重要，例如从事产品加工的企业，表面看来，只有那些在车间里面劳动的工人和技术人员，才是效益的直接创造者。但是，他们加工出来的产品卖到哪里去，能卖出什么价格，这却要依靠销售人员。又如，企业要扩大再生产，却没有资金来源，所以想要进入资本市场，这个时候，投资运营人员就变得十分重要了。

管理成本的增减，要看企业效益的水平。某些管理手段的存在，如果能够帮助企业增加效益，那么，为这种管理手段支付的成本就是必需的，也是有效的。但是，如果这种管理手段不但不能帮助企业增加效益，反而成为企业创造效益的障碍，使大家的办事效率更低而不是更高了，办一件事情不是更顺利而是更麻烦了，企业为这种管理支付的成本就成了冤枉钱，这样的管理手段必须尽快撤消。

如何降低管理的成本，其中有很多学问，不是简单几句话就能讲清楚的。我想至少还有一个十分重要的手段，就是保持有效沟通。从本质上看，沟通是企业文化层面上的工作。上级对下级、下级对上级、部门与部门能够进行有效的沟通，是降低管理成本的一个重要渠道。有的时候，沟通的手段甚至要比协调更重要，也更有效率。当一件工作开展之前，与之相关的人员都能获得完备的信息，事先已经做了很好的沟通，就会减少很多误会和麻烦，提高办事的效率。如果不是这样的话，总是想给别人来一个“惊喜”，结果却总是会变成“先斩后奏”，非常容易造成误会和怀疑。如果事后再来作解释工作，很可能就讲不清楚了，还需要请第三方来作协调工作，这种管理的成本就很高了。事先只要一个电话几分钟的通报就能达到的效果，事后可能三四天都协调不完，所以，沟通成功总是要比协调更加低。

最后我还想强调一点：管理不但是一种意识，更是一种艺术，非常需要水平和技巧。例如，高明的管理者，有的时候会有意识地制造一些无碍大局的小冲突，激发大家的灵感，都来发表自己的意见，通过冲突的方式寻找正确方法或答案。假设有部门拿来一些项目进行讨论，开会征求大家的意见，结果顺利通过，没有任何人反对，大家都说这些项目怎么怎么好，这是很危险的，结果往往是到了付诸实施的时候，才发现其中还有许多问题，但却已经为此付出了不少成本，甚至对企业造成伤害。如果在当初讨论的时候，能够有意识地制造一些冲突，提出一些反面的意见和看法，就很有可能激发出大家对项目的深入思考，从而产生思维和灵感的碰撞，决策者也就能够想到更多层面上的问题，从而提高项目实施的准确率和成功率。所以，从这个角度来看，有冲突才是正常的，没有冲突就没有活力，甚至掩盖矛盾，失去解决矛盾和问题的先机。

冲突出现之日，就是冲突解决之时。记住这一点，对我们每个人都有好处。

剖析民营经济战略迷局，探索公司发展深层动因 *

郭梓林：从 1992 年“下海”到现在，科瑞的发展一直是伴随着国家对民营企业政策的调整，一步一坎走过来的。我们始终高举“高境界，大视野，新思路”的旗帜，保持清醒的头脑，采取“低头做事，决不张扬”的策略，看来还是适合中国国情的。尤其是在投融资环境并没有完全市场化的特殊历史时期，我们选择了实业投资，风险和困难是不言而喻的。经过一年的努力，我们终于走出来了，这可以说是顺利地完成了惊险的一跳。做企业是不能有违大势的，尤其是在现阶段，在有了一定规模的情况下，保持清醒的头脑很重要。在中国目前的宏观经济背景下，应该采取什么样的发展战略和战术手段，来求得生存并不断推动企业发展和进步，这是摆在有一定规模的民营企业领导层面前的一个迫切需要解决的大问题。

任晓剑：这的确是一个很大的题目，也是一个具有现实意义的题目。

今年的宏观经济层面发生了不少重大事件，科瑞也在进入一个

* 本文为作者于 2006 年与科瑞集团创始人之一、科瑞集团副董事长、北京瑞泽集团董事长郭梓林的对话。

新的发展阶段。一大批民营企业家都在反思，有很多很好的想法。最近，我与“还活着”的一些企业家朋友作了若干次很深入的交谈，大家都有很多感触。

关于企业的规模问题是最受关注的问题。“下海”这么多年，听过、看过、经历过许多事了，我突然意识到，企业其实无所谓大小之分，重要的是运作者思想境界的高下，只有思想才是最伟大的。一家公司即使处在规模还很小的创业初期，但创建这家企业的群体如果是具有伟大思想的一批人，同时又有切合实际、行之有效的举措，这家公司一定会做出很伟大的业绩。相反，有些公司在外人看来规模似乎很大，包括现在一些还在台面上很有知名度的国有或民营企业，如果思想保守、行动迟缓，这样的企业还只能算是“小”企业。

另外，对于市场环境的变化给民营企业带来的挑战，也是大家共同关心的问题。市场秩序在不断规范，竞争形式的变化也越来越频繁。这些都使一些过去颇为成功的企业在运作上举步维艰，甚至逐渐销声匿迹，退出历史的舞台。在这种背景下，我们还能看到一些有历史的民营企业仍然健在，总令人感触良多。对于企业来说，“健在”这个词有另外一层更深的含义，并非局外人真正能够体会和理解。

郭梓林：是的。所谓“健在”，第一是要“活着”，第二是要健康的“活着”。现在，一些学者和培训师，一讲到民营企业的败局，总是透露出一种幸灾乐祸的神情，“指点江山”，说“谁”不行，“谁”一旦不行，他们就以预言家自称，“谁”如果还行，他们就咒语连篇，非让事实为自己的“理论”做证不可。而他们当中大多数人，其实也是在做民营的培训咨询机构，也是新的经济体制的创造者。这种心态实在是让人难以理解。正所谓“兔死狐悲”，每当我看到又有民营企业倒下，就有一种凄凉沧桑的感觉，因为旧日的同门兄弟都“走”得差不多了；同时也有一种欣慰和庆幸，因为自己的企业毕竟还健康地活着。我总是这样认为，从大历史的角度看中国民营经济的成长过程，我们既要善待成功者，也要敬重失败者，因为失败者虽然没有站在观礼台上，但他们却为后人的成功默默地做了铺路石，他们从教训的方面为后人提供了路标。

任晓剑："本是同根生，相煎何太急。"人家用身家性命在前面为我们探路，完全没有必要以别人的失败来哗众取宠，这种心态不好。

此去关山行

郭梓林：从2006年开始，中国资本市场的整体状况已经发生了很大变化，某种意义上说，2006年将成为对未来宏观经济形势产生深远影响的一年。这种变化，对于民营企业来说，既是一种机会，也是一个机遇。如何看待这一年的环境变化，如何适应新形势的特点，这又是一个新课题。

任晓剑：今年中国资本市场的确发生了本质上的变化，表现在这样几个方面：

第一是股权分置改革。通过解决历史遗留问题，寻求突破长期困扰中国资本市场的瓶颈，使过去非完全意义上的资本市场，调整到一个日趋完善的、开始具备了退出机制的市场。股权分置问题的解决，为中国的资本市场带来了更多活力。

第二是清欠。应该看到，资本市场从初期建立运行以来，由于特殊的历史原因形成的"清欠"难题，旷日已久，甚至到了"积重难返"的地步。资本市场形成初期，一些企业的上市只是为了"圈钱"，而不是从企业长远发展的根本目的出发，再加上人为区分流通股和非流通股，两种股权在政策层面上的不均衡、不对等，导致了相当一部分股东对企业资本金的"挪用"。这个问题目前还很难从根本上解决，但今年确实加大了力度，人们期待着2006年底以前能够解决。

第三是新股发行和再融资都已进入常态。中行和工行等大盘蓝筹股的成功发行，标志着A股市场无论在广度和深度上都发生了质的飞跃。过去，国内证券市场长期处在沉寂状态，一些资产状况良好的企业纷纷选择境外上市，以致造成国内资本市场的边缘化——资产良好的企业境外上市，某种程度上减少了中国老百姓分享经济增长的利益，这个问题在今年也逐渐开始得到解决。如中国银行和工商银行的上市，使得深市和沪市的股票总市值达6万多亿，股票结构上也发生重大变化，仅工行、中行、招行、宝钢、中石化这五只股票，即约占总市值的50%，从而突出解决了内地股市长期没有大盘股的窘境。过去占内地股市主导地位的，主要为钢铁、电力、能源、新技术和原材料这样一些行业，由于受周期性影响，当这些行业自身情况较好时，股市看涨，情况不好就看跌，这是内地股市大盘走势不稳的重要因素。多年来的股市价格波动幅度之大，根本原因也在于没有稳定性强的大股支撑。有了大蓝筹金融股的加入，降低了其余股票波动对整体股市可能造成的影响，投资者们感受到了信心，也将促使未来的资本市场产生更加深刻的变化。总之，中国资本市场硕果累累，正在成为中国经济发展的核动力。面对这些变化，我们在思想上、理论上和行动上，都要及时做好准备。

郭梓林：2006年的宏观调控，加上资本市场的波动，在“挤出效应”的影响下，民营企业出现了很多新的情况。尤其是一些曾经名气很大的民营企业，状况不断。如新闻媒体新近热炒太平洋严介和的“负债门”、国美黄光裕的“调查门”，以及东盛科技的资金链危机等等。其中，东盛科技一度号称“中国医药行业梦之队”，是医药行业当中发展最好的一家民营企业，主打产品“白加黑”曾为全国感冒药销量第一。然而，由于占用15.88亿元上市公司资金未报，一直到年底才突然报出来。这个巨额占款消息的突然曝光，市场一时哗然，东盛科技股价应声下落，连续3天无量跌停，2亿元市值灰飞烟灭，股民损失惨重。董事长郭家学承认自己处于“头脑发热”阶段，盲目追求企业发展“大跃进”，出发点就是想先做大再做强，再加上地方政府和金融机构的推动，导致企业出现一系列发展问题。所以，郭家学认为“自己是一个浪漫主义者，更适合做一个诗人，不适合做生意”。

任晓剑：严介和、黄光裕和郭家学，无一不是近年来民营企业界炙手可热的大人物。从他们的企业发展轨迹中，可以清晰看出前面提到的话题：企业没有大小之分，只有思想差异。尤其是当危机来临之际，企业是否做好了准备？能否适应当前这样一个处在剧烈变化中的市场“生态环境”？生物学领域有个“生态位”的提法。而所谓的“生态位”，即生物种群在群落中的生活方式和它们在时间和空间上占有的地位。其实，民营企业与各种经济形态的企业种群，尤其是大型垄断性国有企业生存在同样的市场环境之中，各种利益、矛盾和冲突相互交缠、纠结在一起，如果把握不好民营企业的“生态位”，甚至根本还没有认清自身“生态位”的生存条件，就盲目出击、肆意扩张，难免有一天会陷入灭顶之灾。就像自然界的某个物种，与其他物种共同生存在沼泽地上。有些物种可能处在沼泽的边缘，有些在沼泽的低洼处，还有一些在沼泽地的高端。这片沼泽地上每个位置的温度、湿度、光线、地表含水量等条件都不尽相同。如果处在低洼处的物种也按照高端处物种的形状和方式来生长，这个种群无疑是在自寻死路，是对其生存环境把握不好的表现。所以，处于不同的“生态位”，就要有不同的发展观，这是由客观环境条件所决定，不以人的意志为转移。谁要是违反了这种规律，谁就一定会有麻烦。在懂得了这一点以后，再来认识当前整个民营企业的生态环境，我们的头脑就一定会更加清醒。

理性的民营企业家都懂得如何在当前政治、法律和金融等市场条件下，找到真正适合自己的生存方式。

郭梓林：其实科瑞在前进的道路上，也遇到过这样或那样的问题，但我们始终没有放松对生存环境变化的把握，知道自己应该处在市场的什么位置上，总是以政治体制、法律体制和金融体制等各方面的约束条件来规范企业的行为，这其实就是“与时俱进”，而不是盲目冒进，更不去干那些超越环境条件约束的事情。我们就是一家民营企业，决不与外资企业、国有企业或者其他任何类型的企业进行“攀比”。所以就是人们常说的：是适者生存，而非强者生存。

任晓剑：所谓“适者生存”，应该是自己主动去适应外部环境，而不是等着让外部环境来适应自己。适应外部环境的过程，是一个不断进行自我调整的过程。

这些年来，中国民营企业出现的问题，表面看来五花八门、千奇百怪，但集中到一点，往往是在资金链出现断裂之后突然“崩盘”，一个几百万元或几千万元的担保，竟然成为“最后的一根稻草”，能把拥有几十亿甚至上百亿资产的企业最终压垮，这是非常耐人寻味的一件事情。如果这些企业不是盲目扩张，其资金链能够依靠自身力量得到有效维持，绝不至于引起致企业于死地的大问题。

然而，我们的一些民营企业，还是停留在过去的那种思维模式上，沿用以往的一些行为模式，总认为只要自己能把银行搞定，就一定能来钱。他们把银行的金库看成是自己公司的保险柜，予取予夺，似乎没有后顾之忧。但我却始终坚持一个观点：中国金融资产的95%通过银行分配，银行承担着重要的社会责任和巨大的社会风险。再加上延用传统的管理体制，与市场化运作模式相去甚远，不可能与民营企业的基本属性完全匹配。尤其是一些大型国内商业银行，某种程度上仍代表着一种国家信用。而发达国家的银行多数是商业性质，仅仅代表自己的企业信用。因此，外资银行一旦倒闭，只能认为是这一家银行的信用出现问题；而我们的一些国内银行发生问题，人家会针对我们的国家信用提出疑问，这就把国家信用与银行强行捆绑在了一起。因此，国内银行出于其自身的社会定位，对民营企业实行“种族歧视”，我们还是应该理解的，毕竟其责任太大了。

也正是在这种巨大的压力之下，企业把自己的身家性命如同“押宝”似的全都押给了银行，只要一着不慎，完全可以想象，最终出现的会是什么样的后果。

望远需登高

郭梓林：应该说，科瑞创立以来，总是能非常及时地总结自身发展的经验教训，调整前进的方向和步伐，并在实际行动中坚定不移地贯彻实施。

2006 年，我们的企业仍处在某种意义上的调整过程中，而且调整得非常及时、非常有效率。可以假设一下，如果没有这些调整，仍然按照最初的方式运作我们的企业，科瑞就一定不能走到今天。也很难想象我们能够如此安然地坐在一起，心态平和地进行交流。

任晓剑：对中国国情的了解，对现阶段国家金融政策的把握，是民营企业家把企业做大必须修炼的一门重要课程。

从经济运行的总体层面上看，这次宏观调控并非采用完全市场化手段，调控的依据有不少主观性和突发性。因此，这种调控的力度、范围、条件和方式，等等，对于某个具体的民营企业来说，既不可预估，也无从掌控。常理之下，谁都难以想象和预料国家行政机构明年将会推出哪些新的政策，因为有些政策法规在制定程序上还缺少足够的广泛性和科学性，很可能对民营企业的运行产生这样或那样的重大影响，但企业事先难以预测，也不可预测。

其次是在企业运作的微观层面上，如果大家都把“宝”押在某个具体的银行身上，换了个行长怎么办？后来的新行长完全可以将责任推在前任身上，无论你是“短贷长投”还是“长贷短投”，都跟我没关系。我是新来的，我就有权“封杀”你。

郭梓林：当前一些民营企业因资金链断裂而频生破局，主要还是自身适应环境能力不足所致，不能将责任全部推给某位行长的“良心泯灭”，甚至推给政府的行政干预或社会的舆论。更多的，还是企业自身在对生存环境的认知上出现了偏差，过多地将希望寄托于银行。因此，现在有些民营企业家说：“银行要谁死谁就得死！”这话是有一定道理的，毕竟银行掌握着中国最大的资金资源。企业的生存如果与银行的相关度过大，某种程度上这家企业就已经失去了主动权，包括产品市场和资本市场两个方面的主动权。

任晓剑：民营企业的生死存亡，在于对“生态位”的认识与掌握，也在于对发展速度的把握。谁都不是诸葛亮，不可能料事如神，更不可能预测政府未来对经济运行的宏观调控方式究竟如何。尤其出于对中国国情的考虑，一家民营企业如果说不清自己的资本来源，只要规模扩张的速度一快起来，就会有媒体凑热闹，问你的钱是从哪里来的。我们毕竟处于一种非常简单的金融体制当中，如果在短短一两年内，一家公司的资产规模就从几千万扩张到几十亿，要么是坑蒙拐骗，要么是挪用上市公司资金，要么就“搞定”了某银行。如果是“搞定”银行，负债率一定很高，贷款一定很多，也就一定会受到处罚，成为被打击的对象。所以，在这种国情下，选择并安排好自身的财务结构，对于民营企业来说至关重要。

郭梓林：常言道：现金为王。能否把握好现金流，的确是一个老生常谈的问题。一个企业，只要账上有相当数量的现金，看上去效益可能并不怎么好，但却能保住企业不得“怪病”，更不会“暴病而亡”。在那些已经离我们大家而去的民营企业当中，有相当比例的企业是属于“猝死”，很少有那种长期患病、久病无医，拖了很长很长时间之后才慢慢“去世”的。正所谓“眼见他起高楼，眼见他宴宾客，眼见他楼塌了”，似乎只在突然之间，一个规模庞大的企业，说没了就没了，这决非偶然现象。在通常情况下，人体衰老都有个过程，生老病死也有规律可寻。怕就怕“猝死”，就像患了心肌梗塞。哪家民营企业如果也患上了这种心脏病，手上又没有储备一点能够救急的药，就像“速效救心丸”之类，一旦危急情况发生，势必措手不及。而所谓的“速效救心丸”，其实就是平时放在账上闲置的资金，这个时候却成了名副其实的“救命钱”。

任晓剑：科瑞能经历14年的风风雨雨走到今天，没有得上什么“怪病”或“暴病”，并且进入到当前这样一个相对安全的平台上，是有其深刻原因的，确实值得我们好好总结。在我看来，至少有三个方面是非常重要的，那就是：第一，我们对自身生存环境的特殊性和“生态位”具有相当程度的认识；第二，我们在适当的时候做了正确的事情；第三，大家在战略认识方面比较一致。

15年来，由于受到比较特殊的国情约束，民营企业大多采用一种非常简单的运行模式，企业文化中的个人色彩相对浓厚，这也是因为一种简单快捷的治理结构可能更有利于企业初创阶段的生存与发展，短期内的效率非常高，而失败的成本也更低一些。由于资本构成很小，容易纠正过来。但是，到了逐渐发展起来之后，如果仍然过于强调个人的作用，而不是强调群体的力量，就很难形成纠错机制，这个公司就容易出现大问题。

美国的一个基金公司就发生过一件非常大的事情。有个加拿大小伙子，是这家基金公司非常好的一名交易员，他对天然气市场一直看得非常准，在市场上可以做空，第一年光他一个人就赚了15亿美元。他预测2006年的冬天将非常寒冷，夏天也会有飓风，这将影响到人们对天然气的使用，形成一个更大的天然气需求。为此，公司将接近2/3的资产全部压在天然气的交易上，结果全都亏进去了，亏损总额达60亿美元。结果因为太过依赖一个人的市场判断，整个基金公司立即倒闭。这件事情说明的一个问题，就是企业没有形成有效的制约机制，只是根据某一个人的某一次或者几次成功，就诱导出他下次可能还会成功的结论，从而根据这样一个错误结论做出了错误判断，使得所有人都只听从一个人的判断，忘记了群体的智慧和力量。当一个群体失去不同声音的时候，这个企业距离倒下就已经不远了。

郭梓林：企业要多听大家的意见，使我们的决策更加民主化。如果所有的事情都落到一个人头上，时日长久，大家难免产生“耐药性”，在心理上产生“为什么所有人都要听从一个人意见”的疑虑。从科瑞已经形成固有的一些文化模式、决策模式和经营管理模式出发，治理结构的改变也应该要有一个循序渐进的过程。因此，科瑞董事会开始参与更多企业重大决策的讨论，是有利于科瑞发展的一种积极变化，也是与治理结构完善有关的一次重要进步。

任晓剑：从2006年开始，梓林你已经不担任行政职务，出任科瑞的副董事长，这有利于把科瑞董事局调整为智囊型、战略型、资源对接型、准学术型的集体，同时也是一个务实型的团队。我认为，至关重要的一点，在于如何发挥现有董事们的聪明才智。

治理结构的完善，必须出于有利的原则，包括企业中短期和未来的长远利益，都必须通盘考虑。前提在于我们能否轻装简从，能否将一切不需要的包袱统统甩掉，能否腾出更多的时间和精力，组成一支拥有资源的队伍，这支队伍的核心仍然是充满创业热情的骨干，使得今后的科瑞在做任何一项决策的时候，都更有思想性，也更有预见性。这支队伍更加清楚地了解国情，了解市场，了解企业运作，并能够随时调用外部的思想库为我们的决策服务。当这个高层团队的思想频率与企业的运作频率实现同步的时候，科瑞将会实现又一次全新的跨越。

登高可望远

郭梓林：作为一家企业，科瑞的发展已经快15周年了。在这个基础上，如果我们的董事会真能做到“战略型、智慧型、资源对接型、准学术型和务实型”这五个特点，这无疑将使科瑞的发展更加稳健和更有后劲。当然，这样的目标不是那些只有一两年的企业能提出的，这需要历史的沉淀和董事们长期的磨合。

任晓剑：企业管理的模式，永远都在与时俱进。你可以向别人学习，但不能全盘照搬，关键在于任何人都与其他人不同，都有属于自己的一些特点。包括企业核心层的人员，以及围绕核心层组成的整个团队，与其他团队一定是不同的，有自身特点的。我们能够而且应该向别人学习，但学习的目的决不是为了全盘照搬。即使想要照搬别人的模式，本质上也是照搬不到的。

科瑞的管理模式的调整，重要的是要调整到核心层的人员能够接受的治理结构上来，从而更好地发挥股东、董事会、监事会的作用，使科瑞整个经营运作既有效率，又有高度；既走在中国民营经济发展的前列，又完全符合社会发展的规律。只有这样，科瑞的未来的路才会比以前走得更稳健，犯更少的错误、取得更大的进步。

这是一个飞速发展的时代。大家每天接触的人、看到的事物和遇到的问题，也许都有所不同。尤其是在科瑞规模壮大之后，跃文开始跳出企业具体的运作层面来思考问题，更多地参与到国家一些大政方针的前期制定过程，以及相关信息的掌握和处理方面。因此，他所看到、听到和接触到的，也都是中国民营经济如何与国际对接这样一些宏观大局上的问题，事业层面更高了，眼界更开阔了。梓林你则更多是在与学术界、经济界和理论界打交道。由此我就想到一个问题，即如何紧密结合我们国家宏观经济形势的变化，以及资本市场和金融市场的发展，来综合考虑科瑞未来发展的转型，做出更加切合实际的安排。这些年来，你一直在与经济学理论界的人士交流，你自己也在做这方面的研究，我们将宏观和微观这两个层面结合起来，从企业运行体的角度出发，大家共同展开研究和讨论，就很容易产生更加高端一些的新思路，同时又更加切合科瑞的实际需要。

郭梓林：从管理的角度来看，治理结构指的是董事会与经营班子在企业运行中的分工与合作模式。如果说董事会的任务是“制造思想”，执行总裁的任务就应该是“推销思想”，是董事会思想的销售员。在“制造”与“销售”之间，存在一个落差。中国的民营企业家们，正在不断借鉴西方企业的先进理念，同时又继承了许多与国有企业类似的传统观念。中国人的传统观念重视人情味，讲究的是人的感性，西方人则更强调理性，这是第二个落差。

任晓剑：企业管理是一个非常复杂的问题。企业管理者既要重视一般性原理，也要关注企业的具体形态，其中涉及很多很深层次的环节。例如，科瑞的经营形态属于投资控股，与产品制造企业如平高、莱士、博雅或者安德利截然不同，包括原材料如何控制、价格如何掌握、质量如何提升、科研如何展开等等这些对产品制造企业至关重要的环节，科瑞既不需要，也不涉及。那么，作为投资控股型企业的科瑞，应该如何实施企业管理呢？

我想，首先是在人才使用和财务结构上要有周密的安排。如何对投资的旗下企业实施管理，则要想寻找到一种最适合的方式，本质上仍然在于人的管理。投资效益的高低，与投出的钱和人结合得好坏是正相关关系。当然，作为投资企业，人的管理很难用具体的指标来衡量，既不能“计件”，也不能“计时”。但如何设计科学的投资考核指标体系和奖励机制，是对我们的一种挑战。

郭梓林：正是因为如此，大家才会感觉到在科瑞做事情很有意思，也很有意义，完全没有那种如芒刺背般的目光盯着自己，才更能充分发挥主观能动性，更愿意为大家共同的事业，在大家共同的舞台上展现自己的才华，尽到自己的一份力量。就是在这样一种非强加式的管理理念下，即使遇到非常困难的情况，大家也能坚持下来。对科瑞人来说，我们是投资控股型企业，本应该以投资回报为第一要务。但是，这么些年来，科瑞的队伍之所以能够比较稳定，因为科瑞人总是把钱放在第二位，把人放在第一位。也正是基于这样一种理念，我们认为：项目有可能投错，但朋友不能交错，人才不能用错。如果交错了朋友、用错了人，再好的项目都可能失败。这个道理其实很明显，以往的科瑞在这方面也是有过教训的。外界朋友如何看待科瑞，关键在如何看待科瑞人，看科瑞人如何与人打交道、如何与人合作。只要接受科瑞的这样一批人，其实就接受了科瑞。

任晓剑：跃文曾经分析科瑞的人员结构，并提出了科瑞核心层、紧密层、松散层的概念，认为核心层人员的言行举止有一种示范作用。作为一家投资控股企业，科瑞对核心层人员的管理，是整个管理体系当中最重要的一个环节。核心层人员有了高层次、高境界的思想和行为，无形中就会影响和带动自己周边的科瑞人。就像地震总有一个震源，震源的深度和烈度，往往决定了地震可能波及的范围。对于科瑞来说，这个所谓的震源，就在于我们的核心层，然后由核心层不断波及扩散开来。所以，从科瑞这些年工作得到的经验，我认为，核心层成员的严于律己，对于科瑞形成什么样的风格和精神面貌是至关重要的。每个核心层成员的一言一行，都在时时刻刻产生影响，哪怕是非常小的一件事情、一个表情、一种态度，甚至一句话、一个动作，周围的人们都在观察和体会。尤其是在对待工作和处理问题的时候，核心层成员应该有亲力亲为的作风，总要想着如何帮别人解决问题。

记得 1989 年在德国的一家银行工作，德国老板讲过一句话，“领导者首先就是服务者”，很有些道理。大家平时都在干自己分内的工作，如果我是一位领导者，就应该为大家服务，帮助大家解决问题。从另一个角度看，领导者之所以首先是服务者，在于领导者有这个能力，也有这种理念。只有具备了一定能力的人，才能为大家服务，也只有具备了一定能力之后，才能帮大家解决好问题。所以，对科瑞来说，无论金融、投资或财务等方面的工作，一旦出现问题不好解决的时候，作为一名领导者，我责无旁贷地要去帮助大家找到解决的办法和途径，而且一定要热心、主动地参与进去，才能做好服务，也更容易得到大家的信任。遇到任何事情，就会想到自己还有领导在作后盾，随时都会提供支持和帮助。

郭梓林：还有一点我认为也很重要，这就是要充分考虑大家的切身利益。我们是一家民营企业，每个人都在不同程度地为企业发展承担不同风险，时时刻刻都在付出自己的勤劳和智慧。如果光靠一种理念或道德意识来支撑，那是不能持久的。也许能坚持一年、两年，但三年、五年以后怎么办？也就是说，看在你们都是好人的份上，人家愿意为我们打工，一年、两年都可以。但时日长久之后，难免会作比较：我的同学也一样出来工作，过去我并不比他们差，到了现在这个平台上，自己开始不如人家了，心里就会有想法。包括职务、收入、福利、住房、交通条件等等，每个人都有自己的生活需求，亲朋好友也会有说法，这些都要去面对，也是不可能回避的现实问题。怎样合理地将工作与生活条件改善匹配起来，这是作为管理者一定要处理好的问题。

任晓剑：对，领导者做好了服务，同时也真正考虑了大家的切身利益，能够解决大家的后顾之忧，工作的开展也就顺理成章、有理有据了。否则，一个什么问题都解决不了的领导者，是没有多少号召力和影响力的。又或者领导者是个见困难就让、见利益就上的人，在为人处世的道德品质上存在缺陷，就不可能作为一种表率，去带领大家共同进步和发展。

作为领导者，还有一个很重要的能力是协调和沟通能力。在一个组织的各部门之间，多多少少会存在一些矛盾或冲突。尤其对于企业来说，每个部门都在讲效率、讲成绩，大家互相之间“较劲儿”，看谁的工作做得更好。这个时候，也许有的部门会自我感觉好一些，认为其他部门的工作不如自己做得好。还有一些特殊的部门，例如审计部，它的职责本身就在于监控，工作任务就是要时刻盯紧其他部门。因此，企业内部存在矛盾和冲突并不可怕，可怕的是作为领导者不懂得如何消除矛盾、化解冲突。而消除矛盾和化解冲突的前提，是领导者是否具备良好的沟通和协调能力。如果把话说到极致，就是“部门之间没有矛盾，公司一定存在问题”。部门之间的矛盾不是不可调和、不可化解的。但一家公司内部如果永远都是“一团和气”，所有人都抱着“你好我好大家好”的态度，什么矛盾和冲突都不存在，工作效率也就没有了。当一个问题出现的时候，本来自己是有想法的，但为了迁就他人，为了自己做个好人，为了不得罪其他部门，就三缄其口，别人说行自己也说行；别人说不行自己跟着起哄，这本质上就是一种互相包庇，比矛盾和冲突更加麻烦。对于一家企业来说，这样的团队更容易令人失去希望。因此，作为企业领导者，绝不能害怕矛盾和冲突，而是要在矛盾冲突来临之际，懂得如何与大家沟通，包括业务和思想上的沟通，帮助大家一起解决问题，化解矛盾和冲突，共同把工作做好。

当然，不仅企业高管阶层，作为部门领导者，也是在负责企业某个方面的工作，需要得到其他部门的支持和帮助。如果没有很好的沟通协调能力，当本部门开展一项涉及全局的工作时，到其他部门就推不动了，这就非常麻烦。因此，无论哪个级别的负责人，都应该具备与其职责相匹配的协调能力。

学而时习之

郭梓林：这样才能使得企业既有活力，又尽量避免内讧。作为领导者的另一项任务，是要督促大家不断学习，以提高自身的水平和能力。科瑞十多年来经历了很多风雨，也走过了不少沟沟坎坎，之所以能够发展到今天，另一个关键点在于我们踏到了市场的节奏——就像一个舞者，踩在节拍上了。社会是在进步的，市场是在发展的，只有跟上了时代的进步和市场的节奏，企业才不至于乱了方寸。这是为什么呢？其实就在于对知识的把握能力，在于科瑞人有一种不断好学上进的精神。有了这种精神，你就会了解和关注这个时代是在如何变化的，了解和关注当前的市场节奏与过去有哪些不同。科瑞其实是一个很好的学习型组织。

任晓剑：中华民族是一个好学的民族。中国市场经济的发展如此迅速，一个重要原因，我们是站在西方发达国家的市场经济发展的经验基础之上，很好地学习和借鉴了他们的经验教训，少走了许多弯路，这也充分证明了学习的重要。我们现在都要“洗脑”，要观察和借鉴那些成功企业为什么能够成功，失败的企业究竟败在什么地方。如果没有很好的学习精神，就很可能走别人走过的弯路，在前人摔倒的地方再摔一次，甚至可能摔得更惨重。

顺势行者生

郭梓林：出于对大的经济环境变化以及对未来社会发展的整体考虑，当前政府推行的宏观调控，确实非常必要。

任晓剑：在我看来，从整体上说，受这次宏观调控影响最大的还是中国的民营企业。如果从源头上分析，中国内地市场持续不断的投资热潮，并非由民营企业引发，更多的还是出于地方利益，出于对地方官员多年来形成的政绩考察机制和方式，才引发了这种不断升温的投资热潮。再加上投资主体始终由金融主导的单一性，政府对宏观投资在数量上的控制形成尾大不掉之势，使得这种“纠偏”之举将可能长期存在。尽管民营企业并不具备推波助澜的力量，但在宏观调控当中受影响最大的，还是民营企业。

当然，从另一个方面来看，影响中国民营企业发展的许多深层次矛盾，至今还没有得到真正解决。很多问题都处在解决的过程当中，需要酝酿，需要发酵，需要社会的充分讨论，也需要人们的理解、支持与宽容。中共十六届六中全会，专门谈到了经济发展与社会和谐的问题、社会发展与国民收入的问题等等。从更具体的层面上看，有些矛盾在呈上升和加剧之势，尤其是对社会资源的掠夺性利用，造成了自然环境的持续恶化，这对中国人的长远利益和子孙后代来说，真不是什么好事情。

我个人认为，民营企业家们还是应该更加理性地看待政府的宏观调控。据国家统计部门提出，今年前三季度的 GDP 同比增长又超过了两位数达到 10.7%，这是一个令人鼓舞，也是一个值得人们深思的指标。1997 年，世界银行首次提出“绿色 GDP”的概念，后来各国都在做研究，但至今没有官方报告。不过，有些数字还是令人触目惊心的。例如，2004 年因环境污染造成中国的经济损失就高达 5118 亿元，占 GDP 的 3.05%。治理污染还要花费约 2874 亿元，占 GDP 的 1.8%。上述两项指标还不包括我们自身以及我们的子孙后代在生命和健康方面将要为之付出的代价。仅仅由此来看，宏观调控也是非常必要的。同时，GDP 的增长，也并不完全代表社会公民的收入增加。自 1978 年以来，GDP 增长平均为 9.3%，但行政管理费用却以 25.3%速度增长。老百姓在国民经济增长的过程中如何受益，值得重视和继续探讨。

郭梓林：应该说，这两年来我们不仅对宏观调控有所准备，而且进行了预演，调整了策略，落实了具体行动步骤，以切合宏观调控形势的需要，对可能出现的问题尽可能做到“防患于未然”。在这个方面，科瑞人还是引以为自豪的。当然，宏观调控为民营企业带来的，绝不仅仅在于如何“防患”，其中还有一个很特殊的现象，同时也将成为我们今后工作关注的一个重点，那就是“机遇”。任何一次宏观调控，都会产生出一些机遇。因为，有“调控”就必然有“弥补”，有被调控“出局”的，一定会有“入局”者来做平衡，毕竟发展才是硬道理，只要有发展，就会有机遇。所以，民营企业要有一种良好的适应能力和敏锐目光，去发现和抓住这种机遇。

任晓剑：进入 2006 年的 11 月，中国的外汇储备一举突破万亿美元大关。包括企业存款在内，9 月份国内存款总额接近 33 万亿元。这两个惊人的数字表明，中国政府确实有钱，但中国的企业没钱，这是一对极大的矛盾。老百姓手上 16 万亿元的储蓄存款，资金使用率却非常低下，因为人们担心医疗保险、退休养老、失业保险、社会保障等等，消费者金融品种也非常欠缺。如果一个人对未来生活充满担忧，投资又得不到正常回报，只能选择把钱存起来，以备不时之需。这同时也暴露出另一个问题，也是当前金融体系安排的一个缺陷：应该如何“用钱”？即包括外汇储备和国内资金在内的“钱”，应该如何有效使用。2006 年信贷规模计划增加 2.5 万亿元，可 9 月份已经达到 2.7 万亿元——计划很轻易就被突破了，目前的说法是能否控制在 3 万亿元以内。再加上大型内资银行全都上市，在资本市场上应该有所回报。然而，回报的资金能否使用？或者还是存放在人民银行，只能在小范围的证券市场做些小规模的交易，这种方式如何能解决资金出路的问题？这些矛盾的产生，很可能促使一些新的政策出台。因此，一个巨大的机会，出现在由间接融资向直接融资转换的过程中，这个转换过程的条件已经接近成熟。因为：

第一，资本市场有了退出的机制，这对企业投资是非常有利的。

第二，社会的法律环境日趋完善。关于上市公司的法规条例已经出台，法律方面有了许多具体安排，法律环境与过去相比更加成熟，资本环境不断健全，很多新的金融品种陆续出现，资本市场呈现多层面、多元化的发展态势，例如主板交易市场、场外交易市场等等。对照美国的经济环境，他们的企业大多依赖于一个健全的金融体系，使得企业更容易募集到发展所需的资金，中国今后还会有很多这样的机会出现。最近比较关心的是资产证券化，例如房产投资基金，它是可以交易的，过去中国没有，但在美国已经非常成熟。我们现在也在探讨。只要有稳定的收入来源，一个人在拥有某项物权之后，可以对外出租，使这块资产每年都有固定的收益，这种收益明显高于当前的银行利率，就可以放到证券市场上去。这样一来，资产拥有者的钱就盘活了，又可以开始做新的事情，使其资产规模不断扩大，这就是资产的证券化。如果以后这种资产增多了，还可以组成“证券包”上市流通，就能盘活更多的资金。这在我们国家还是一个空白，当然，这与我们过去的金融管制体系、金融监管水平和和金融环境的特点有很大关系。如果还不具备相应成熟的市场条件，甚至也没有这一类的监管人才，一旦轻易开放了这一类交易，很可能就会出乱子。但是，目前的市场条件已经基本成熟了。

郭梓林：科瑞发展已经走过 14 年，正走向第 15 年。我们做投资曾经做得很精彩，从最初投资华夏银行，到后来投资房地产，都做得非常漂亮。在实业投资领域，从收购、培育到逐渐退出，也是在一个行业刚要形成退出机制的时候，就被我们抓住机遇并顺利完成。就目前来看，很少有民营企业真正走过这样一个全过程，我们却已经走过了两次。从这个角度来看，资本市场确实需要像我们这样一批有智慧、有胆略的先行者存在，因为我们可以帮助市场的发展，也能帮助投资者赚钱，因为我们毕竟已经有过这一类的成功经历。

任晓剑：对项目进行投资，这对科瑞来说是驾轻就熟的路子。我们今年很快进入了资源性行业，形势非常看好，目前还有不少很好的项目，也在研究和筹措当中。现在需要考虑的一个问题，就是如何抓住宏观调控的形势发展中显露出的一些新机遇，并随时跟进。我对基金做过很深的研究，比如私募股权投资基金。一项研究表明，私募基金目前已占投资者交易资金比重的30%~35%，总规模近7000亿元，超过公募基金一倍。当然，私募基金是一种非公开宣传的、私下向特定投资人募集资金的一种集合投资，过去一直没有得到政府的公开承认，只能躲躲闪闪，处于“地下”工作状态。就像梓林你如果很会炒股，朋友们也都看到了你的业绩，如果你想扩大规模，就邀请朋友将自己的资金也放进来，大家委托你帮助他们做证券投资，并保证一年有多少收入。由此一传十、十传百，将资金加入的朋友越来越多。老百姓最讲实惠，在你这里的投资回报，比存在银行吃利息强多了，自己又不会炒股，就由你梓林来做庄，这就叫私募基金。

在过去很长一段时间里，中国内地私募基金的名声并不好，就像国外的对冲基金，名声也不是很好。但是，这种私募基金非常具有生命力。近些年来，我与国外大型基金的高层管理人员有过很多接触，如高盛（Goldman Sachs）、摩根斯坦利（Morgan Stanley）等等。在接触过程中，我目睹了他们的资本如何在中国市场上大刀阔斧的开进，也看到了他们在形式和内容上的发展变迁。相比之下，我们的手法却还非常低级，即使手上有1万亿美元和10万亿元人民币，也不知道怎么用来赚钱。所以，高盛的一位总裁在中国工行上市前发出过一个质疑：中国境内有这么多资金，为什么把这么好的股权出让给境外的投资者呢？所以，当务之急，就在于解决好直接融资手段的问题。私募基金的出现，对投资者是非常好的一个机会，可以基本解决企业长期稳定的资金来源问题。

私募基金在形式上主要有三种。

一是风险投资基金。在中国高科技企业当中，较少有境内风险投资基金进入，多由国外基金募集，然后进行包装，投放到资本市场，钱也被外国人赚走了。这当然与中国民营企业弱势地位有关。今后如果还有这种机会，我们完全可以介入操作。国有企业对这个领域还很陌生，相当一个时期内成不了竞争对手。

二是最流行、最典型的增长型基金，即在一个企业的成长阶段切入，资金投入之后，帮助企业改造和提升，不以控股为目的。

三是收购基金，投资于企业上市或未上市股权，意在获取成熟目标企业的控制权，以整合企业资源，提升价值。例如平高电气已经很成熟了，发展潜力很好，为了做行业老大，通过一个企业来兼并其他企业，以扩张规模的方式形成更大的企业，这就需要一个非常大的基金来支持。

成立这几种基金的基础已经基本成熟。首先是法律方面，目前已经解除了不能设立的法律障碍，即合伙人简约化，将于2007年6月份实施。所谓的合伙人简约化，解决的一个重要问题，就是合伙人当中至少要有一人承担无限责任。其次是退出机制。今年的股权分置解决完成以后，退出机制就出来了。假设一家企业的经营状况良好，例如梓林你办的北京大学产业与文化研究所，倘若每年有10%～20%的利润增长点，未来前景非常看好，基金就可以选择在这个时候进入，对研究所进行包装，提升实力，推动上市，研究所的面貌就今非昔比了。在完成这个任务之后，基金也就可以退出了。这就是多赢的结局。

郭梓林：中国的金融环境和法律环境正趋于完善，民营企业不应继续沿用以往投、融资方式，仅仅依托于某家银行来间接获得发展所需资金，风险极大。而且这种风险不仅对企业造成巨大危害，也不利于企业社会形象，易遭舆论诟病。民营企业将现金流组合起来进行投资，远强于依靠银行支持来做投资，资本放大性和盈利性都很好，并将形成一个新的行业。因此，在不远的未来，将民营企业的间接融资改变为直接融资，组建自己的团队，依靠实体来建立基金，是更加适合于民营企业未来发展的新思路，也是一个崭新的机会，就看我们能不能在下一场游戏中找到胜出的战略与战术了。

任晓剑：是的，在新的企业游戏就要开始之前，对于下一阶段的企业游戏应该怎么玩，确实需要好好总结。前段时间，媒体报道北京破获了一个专门抢夺宝马、奔驰汽车的犯罪团伙。这批犯罪份子在 20 世纪 80 年代初，是北京最有钱的一些人。当时，在机关大院工作的人，每月收入不过几十元，最早“下海”的这些人，却赚到了几十万甚至上百万元。但后来他们不会玩新的市场“游戏”了，只能一天天看着自己的钱都用光了。他们曾经富有过，现在却变成了穷人，这就形成了一个很大的反差。当他们回想起过去曾经有过的辉煌，一去不复返，就对现实产生了极度的不满，结果走上了犯罪的道路。

这是一个关于民营企业的很极端的例子，它其实也是一个寓言：谁能一场一场地玩下去，一直玩到最后，才是真英雄。

成功之路 *

非常高兴，江西财经大学给我这次和同学们直接交流的机会。科瑞奖学金的设立已经整整 10 届，1992 年 7 月 28 日成立的科瑞集团，也已度过了自己 10 周岁的生日。大家知道，在我们科瑞董事局的成员当中，有 4 名江西财大的毕业生，今天，郑总正在参加全国工商联的一个重要会议，我就是受他的委托前来参加科瑞奖学金的颁奖仪式，并代表他向大家问好！

今天是我第一次来到财大和同学们交流。看见你们每个人脸上洋溢着青春的光彩和热情，使我很自然就回想起了自己的学生时代，就好像时光流转，一切仍然没有改变，每天的太阳都是新的，每天的课程都是新的，每天要学习的知识也都是新的。如果今天的我真能像你们一样，在学校过校园生活，那该多好啊！因为，走过了 40 多年的人生旅途之后，我早已真切感受到了知识的力量是多么伟大。一个人的知识即使再丰富，到了真正要将知识付诸实践的时候，也永远都会感觉自己掌握的知识仍然如此贫乏。当然，我在这里说的知识，绝非仅指书本知识，还包括人生的历练，包括社会实践方面种种经验的积累，甚至包括各种各样的信息收集。我今天在这里想和大家交流的信息，很多都是你们通过

* 在江西财经大学“新世纪经济论坛”的演讲。

书本得不到的。作为先行者，科瑞人做过的事情，科瑞人在10年艰苦创业当中所经历的一切，对于你们未来要走的路，即使还不足以成为某种指南，我相信也一定会有所帮助。因为，那毕竟都是我们在市场经济的大海当中最真实的体验，我们亲口尝过海水的咸味，也知道哪里的海水最深，哪里有鲨鱼出没，哪里的珊瑚礁最美丽，哪里的风景最壮阔。在座的大部分同学都是学经济专业，而市场经济最基本的元素正是企业。不管你们未来在什么样的具体岗位上工作，基本经济运行规律至少应该有所了解。尤其是在企业这个微观经济环境当中发生的一切，其中的酸甜苦辣，其中的欢乐忧愁，甚至包括每天发生在企业中的那些最最细枝末节的变化，也都那么生动，那么精彩，那么令人着迷。所以，我这一辈子已经和企业分不开了，也希望在座的你们将来都投身到企业当中去，真实地体验企业带给我们的那一片神奇土地和精彩世界。

今天我要告诉你们的信息，主要有四个方面：一是企业出英雄，二是创业永无止境，三是懂得舍弃与坚持学习，四是成功属于你们。

企业是什么？这在你们的教科书中应该有最准确的解释，考试做题的时候用得着。但书本上的企业是静止状态，对它的解释和定义，只是停留在教材编写者们当初编写教材时了解的那种，而不是今天正在运行当中的活生生的企业。企业是社会最基本的细胞组织，是最有活力的社会组织形式之一——当然，这仍然只是抽象的理论，那么，我只需讲一点，大家就会明白企业的活力究竟有多大。企业是由人组成的，不同性格的人，不同道德观念的人，不同社会理想的人，甚至处在不同社会环境当中的人组成的企业，都截然不同。

那么，企业的活力又是从何而来呢？在今天的“科瑞奖学金”颁奖大会上，我们听到最多的一个词，正好回答了这个问题——创造。我们所说的创造，当然包括创新、创业在内，都是人类从事的最有意义的一件工作。在座的同学们毕业之后，面临最重要的一个选择是什么？现在的人们都说是“就业问题”。因为以前的大学生毕业以后都是由国家包分配，个人无须考虑工作去向，正像曾经流行过的一句话说的那样：“革命战士是块砖，哪里需要哪里搬。”现在不同了，国家不包分配，要由你们自主择业——按照自己的意愿去选择自己的工作，由此出现大学生们就业难的问题。可为什么是“就业”，而不是“创业”呢？为什么我们的大学生们不能主动创造一番完全属于自己的事业，而是被动等待就业机会呢？尤其是我们财经院校的大学生们，掌握了大量的财经知识，接受了很好的专业训练，只要我们能够更多地去了解企业、熟悉企业，更多地了解市场、熟悉市场，想要创造一番事业其实并不难，要成为一名企业家也不难。

正如你们所知道的那样，企业离不开市场，市场也离不开企业，企业是商品的制造者，市场是商品的交换场所。改革开放之前，我们没有市场，只有计划。既然没有市场，当然也就不存在竞争，不存在真正意义上的企业。大家都听从上级领导的安排，所有的企业都不过是国家计委的生产车间，必须按照政府制定的计划来进行生产，产品再由政府来进行计划分配。

改革开放推动了市场经济的发展，但我们建设的是有中国特色的市场经济，是充分考虑到了中国国情的市场经济。中共十六大在中国特色的社会主义市场经济理论上又有了新的突破，为进一步的改革指明了方向。当然，未来改革的路还很长，尤其是与西方发达国家长达数百年的成熟市场相比较，我们要建设交换成本最低，效率最高的市场经济，任务非常艰巨。

企业始终是实现市场交换的基础。我工作的领域始终没有离开过企业，比较了解中国企业的现实状况，也在理论上对企业有过很深入的研究。大家可能都注意到了这样一个情况，2002年的诺贝尔经济学奖颁发给了两位老人，他们分别是行为经济学和实验经济学的先驱：美国普林斯顿大学的丹尼尔·卡尼曼和美国乔治·梅森大学的弗农·史密斯。卡尼曼的突出贡献在于“把心理学成果与经济学研究有效结合，从而解释了人类在不确定条件下如何做出判断”。史密斯则“发展了一整套实验研究方法，尤其是在实验室里研究市场机制的选择性方面”。

最有意思的是丹尼尔·卡尼曼把心理学和经济学科学结合起来，成为这一新领域的奠基人。在他之前，经济学和心理学在研究人类决策行为上有着极大的区别：经济学的观点认为外在的激励形成人们的行为，而心理学恰恰相反，认为内在的激励才是决定行为的因素。卡尼曼在不断修正“经济人”的基本假设的过程中，看到了经济理性这一前提的缺陷，也就发现了单纯的外在因素不能解释复杂的决策行为，由此正式将心理学的内在观点和研究方法引进了经济学。他最重要的成果是关于不确定情形下人类决策的研究，证明了人类的决策行为如何系统性地偏离标准经济理论所预测的结果。卡尼曼的研究激发起新一代的经济学和金融研究者将认知心理学的观点应用于人类内在的行为动机的研究掀起了行为经济学和金融学的研究热潮。

除了经济学者之外，我更关注的是两个企业家。有志于成为企业家的同学，可以记住他们的名字：第一位是传奇式人物——美国 GE 公司首席执行官杰克·韦尔奇，他是全球最有价值的企业领导者之一。他在 25 岁获得化学博士学位，45 岁成为董事长，所从事的行业领域从最简单的灯泡到最复杂的飞机引擎制造，年营业额达 250 亿美元，利润 15 亿美元。到 1998 年的时候，营业额更是高达 1050 亿美元。第二位是世界著名投资大师巴菲特，他是学企业管理的，在哥伦比亚大学研究投资的基本理念，杰明·格雷厄姆的《聪明的投资者》影响了他的一生。他用 100 美元开始投资生涯，以小博大，非常成功。他投资的对象包括麦当劳、吉列刀片、迪士尼乐园、华盛顿邮报等世界著名的企业，2001 年以 323 亿美元净资产居全球第二。

就目前来看，科瑞人所取得的成绩与巴菲特、韦尔奇相比，似乎根本不值一提。我们分别处在不同的国家和不同的市场环境当中，企业规模的差距也非常大，不可同日而语。但是，最重要的在于，我们通过10年的摸索，认清了自我价值所在，掌握了中国的民营企业在中国的土壤中，应该如何成长的一些规律，明确了我们企业未来的发展走向。同时，希望有志于科瑞事业的江财同学们一道来创造我们中国特色的企业王国。

那么，科瑞这10年是怎样走过来的呢？这正是今天我要向大家介绍的主要内容。

江西财大的同学们可能知道科瑞的创业是从一个很小的投入规模开始启动的。在最初的那些日子里，我们虽然把主要的精力都放在了完成企业积累上面，但从来都没有忽略对人生价值的思考。那是一个激情年代。至今我们仍然感觉很幸运，是那个特殊的历史时刻为我们提供了施展个人才能、实现人生价值的机会和空间，此刻不努力更待何时？当然，在新的机会来临的那一刻，在得到这个机会的同时，必然要舍弃另外的一些东西。就像谈一场恋爱，当你遇上了自己心仪的爱人，渴望与其携手同行之时，你至少要舍弃以往单身生活时代的那种完全独立和一部分的个人自由。人们常说“爱就是付出”，是很有道理的。创建科瑞之前，我在体制内的职位和待遇都很不错，个人发展的前景也很看好。在当时的社会状况下，要完全舍弃那一切，孤身下海，仅仅为了一个机会，去搏一个尚不完全可知的未来，这其中选择的痛苦是显而易见的。就是放在今天，放在目前许多政府机关和体制内的青年才俊们身上，在条件并不完全成熟、资金并不是很充分的情况下，他们也不可能轻易做出决定，用个人的前程去冒这么大的一个风险。

然而，10年前的7月28日，作为科瑞的6位创始人之一，我和大家一样，毅然做出了自己的选择：离开体制内，义无反顾地走上了一条革命的路——造自己的反，与往事干杯，与自己的过去决裂，走一条崭新的路，一条重新创造自己未来事业的道路。

每个年轻人都有自己的追求和梦想。可梦想虽然美好，现实却总是那么艰难。

尤其是在20世纪90年代的初期，中国的改革开放正走到了一个十字路口，大家似乎都有些茫然。还是小平同志的南巡讲话，又一次地鼓动了人们的勇气。可小平同志的讲话毕竟是理论，是思想，理论变成现实的操作需要时间。例如，科瑞创建的时候我们想以个人股东身份的方式来注册公司，就没有获得批准。其原因是：政策不允许注册私人名义的公司，要成立的话至少必须是集体所有制。尽管在严格意义上，我们并不能算是单独的个人，而是由6个人共同发起组成的一个集体，企业本身也是由我们大家共同出资创建的，可当时人们的思想就这么僵化，都在等待国家的政策，没有政策明确规定的事情，就是不能办。

我们只能屈从于现实，用人们可以接受的方式来完成公司的注册。公司成立了，但远不是万里长征走出的第一步，最多只能算是给了我们一个起步的资格，可以站在一个新的起跑线上的资格。我们终于离开了体制内，往后的一切都只能靠自己。我们既然办的是企业，迈出的第一步就必须是赚钱。对于企业来说，最难赚到手的，还要算是第一笔钱，也就是后来很多人说的“第一桶金”。由于没有资本市场，几个下海的穷干部也不能凑出足额资本，唯一的来源只有银行。那个时代的银行几乎全是国有性质，门难进，脸难看。我也是从银行出来的，现在反过来要求银行办事了，这种角色转换确实痛苦。我们不断按照银行的规矩准备，每一个环节、每一个条件都尽可能做到最好，但结果一次一次让我们失望，就因为我们出身不好，是私人性质的企业，以前没有这个先例，对方说是国家的资金不能贷给私人去办企业。科瑞创办10年以来，尽管我们和银行的合作很多，合作得也非常好，但那都是随着改革开放形势的好转一步一步实现的。随着改革开放的深入，国家政策逐渐发生变化，人们对民营企业性质的认识也开始发生改观，政府对民营企业地位的定义从“拾遗补缺”，到

“有益补充”，再到现在的“国民经济的重要组成部分”，现在的民营企业有了非常好的生存环境，可在最开始我们创业的那个阶段，想要跟银行打好交道是很不容易的。

科瑞创始人大多是财经专业，在体制内从事了多年金融工作，有丰富实践经验。因此，协助发行企业债券是我们的强项。从设计概念到策划方案，再到市场运作和资金支持，每个细节都考虑到，每项成本都计算好，成功的那一天，正好赶在中共十四大召开前夕，科瑞赚到了“第一桶金”，完成了企业的原始积累。

10年后的今天，我们对此仍然感觉非常自豪，因为科瑞的“第一桶金”是充分利用了我们自身的优势，在熟悉的领域中做熟悉的事情，用一种非常文明的方式赚钱，赚得很干净、很规矩、很体面，依靠的完全是我们智慧的工作！

在20世纪90年代，曾经出现过不少类似于科瑞创业初期那样的合作集体：几个知己好友聚集在一起，每个人都有抱负、有雄心，也确实有能力，大家发誓要在一起干出一番事业来，以体现自己的人生价值。可真到了一起，真赚到钱了，各人心里的想法就不一样了：有人想把属于自己的那一部分钱拿走，快快活活地过下半辈子；有人想从中拿出一部分钱自己出去单干。尤其是在中关村，这种事例还真不少。于是，有人就感叹中国的民营企业做不大，像长不高的灌木，爱分权。当初也有人预言，科瑞的合伙人都很强，个个都有能力，他们在一起肯定能赚钱，可正是因为大家都很强，所以他们过不了多久也得分开。

1992年发生的事情，让我们至今难忘。尤其是协助有关部门顺利发行企业债券，使得第一次的成功早早来临。关键是，成功以后怎么办？当时我们都很冷静，大家都很年轻，集体的力量毕竟大于个人的单打独斗，我们还要成就更大的事业，追求更远的目标，绝不能被一次成功冲昏头脑。于是决定继续抱成团，一分钱不分，都投入到企业的后续发展当中去。

然而，对于我们来说，成功之后的危险不仅是分家，还有源于成功后过度自信可能造成的非理性盲动。既然我们赚到钱了，手上就有了企业扩张的资本，应该继续把企业做大是顺理成章的事情。关键在于怎么做大、往哪个方向做大。为此，我们开始了艰难的摸索。比如，我们曾经试过在厦门的鼓浪屿附近、退潮时离陆地仅100米、面积达200亩的一个小岛上开发建设游艇俱乐部。这个小岛上只有2户人家和4口淡水井，风景绝佳，简直就像是世外桃源。如果建成的话，必将成为人们休闲的一处胜地，一个新的旅游热点。再比如，我们曾经协助创建城市信用社，有了很可观的资金规模，遍布全国不少城市，并且做得非常成功。有了资金就可以涉入产业领域，于是我们又涉足了房地产业、出口农业、制造工业等方面。有些行业是我们熟悉的，但更多的行业我们并不熟悉，甚至完全不熟悉，只是主观感觉有成长的可能性，就往里面投钱，投得还不少。

其实，现在总结起来，我们已经清楚地看到自身的长处和短处。我们的长处源于我们的专业，我们的短处同样源于我们的专业。为什么这样说呢？大家知道，金融财经专业最擅长的是资本运作和资金运作，另外还包括资源重组和产业整合等等方面，只要一旦落实到具体的市场战略，这些都是我们的所长。与此相关的是，完全背离我们的专业知识，盯在一个点上，做某一个具体的产品经营，比如一套一套地卖房子，一项一项地做产品技术开发，就非但不是我们的所长，还是我们的所短了。既然是我们的所短，又偏要去做的话，很快就会感觉到知识积累的错位，会做得很累。到头来成功了还好，万一不成，对事业积极性的打击就会很大。

有的人说，做企业不但需要足够的智慧和勤奋，同时也要有那么一点点的运气，这话有一定的道理。但我仍然认为，运气所带来的机遇对每个人都是公平的，关键还是要看机遇来临的时候你能不能抓得住。例如与平高电气的合作，无论对于天鹰集团（平高前身）还是科瑞集团来说，就都是一次机遇。此前，天鹰与其他的企业商讨过合作的可能性，科瑞同样也在寻找行业内的合作伙伴。当我们两家开始接触的时候，双方都有合作的诚意。经过一段时间的谈判，我们终于找到了大家都能够接受的合作方式，获得了一次双赢的机会。对于天鹰集团来说，他们得到了一条国有企业机制改革的出路；对于科瑞集团来说，我们得到了一个民营企业良性扩张的机会。大家携手发展、共同进步，何乐而不为？于是，在我们双方的共同努力之下，成立了平高电气股份公司，通过大量积极有成效的工作，平高电气于 2001 年通过国家审批，在上海股票交易所成功上市。《人民日报》记者在对平高进行了专访之后认为：国有企业如何走出困境？平高的成功就是一条出路。

平高属于中国电气开关制造领域的高端企业，著名的三大开关厂之一。平高的成功，对科瑞主营业务的发展走向产生了重要的影响，也更加坚定了我们走一条与成熟产业中的高端企业相结合道路的决心。正是在这种思想的指导下，我们选择进入果汁行业。也许大家知道，中国是一个苹果生产大国，我们的苹果产量占世界总产量的 50%。可是，我们苹果深加工行业的发展却严重滞后。苹果毕竟也是一种鲜果，有它自身的保质期。保质期一过，再好的苹果也卖不出好价钱。尤其是在西北地区，水果产量连年攀升，市场日趋饱和，造成大量苹果积压，果农们在被逼无奈的情况下，只好砍树。很多人感觉这个行业不好做，科瑞人却慧眼独具，不但带头进入、大举进入，而且要做就做成这个行业的领跑企业。我们仅用了 2 年的时间，就把烟台北方安德利公司做成了年产量达 4 万吨，98%产品出口，全世界单产规模最大、加工规模居亚洲首位的浓缩苹果汁加工企业。1999 年 3 月，美国 8 家企业向美国商务部提出申请，要求对原产中国的浓缩苹果汁征收高达 91.84%的反倾销税，企图将中国苹果汁挤出美国市场。我国有 10 家企业奋起应诉，2000 年 6 月 5 日，美国商务部做出裁决，我国 10 家应诉企业的反倾销平均税率为 14.88%，非应诉企业的税率裁定为51.74%，裁决的结果对我国浓缩苹果汁市场格局产生了重大影响，未应诉企业在美国市场全线萎缩，发展严重受挫，在全部应诉企业当中，安德利是唯一获得向美国出口零关税待遇的企业。

安德利的成功，使我们把眼光放到了区域更加广阔的西北苹果产地。西北地区有一个“中国苹果之都”，在陕西省的白水县。你们应该都知道，中国最早的汉字是象形文字，而象形文字就是白水人仓颉创造出来的。所以，白水不仅是中国苹果之都，还是中国的文字之源。可在改革开放之前，由于干旱少雨，气候条件恶劣，白水的老百姓又苦又穷。后来改种苹果，又赶上全国的苹果连年丰收，产大于销，果贱伤农，使得白水空有中国苹果之都和中国文字之源的名号，反而成了一个国家级的贫困县。如何解决果贱伤农的问题，改善果农们的生活水平，提升他们的生产积极性，成了当地政府的最大难题。正是在这样的大前提下，响应党和政府西部大开发的号召，我们把果汁厂办到了白水。2002年初，我们分别投资在陕西白水县建立了“白水安德利果蔬汁有限公司”，在山东龙口市建立“烟台龙口市安德利果汁饮料有限公司”。这两家企业已于2002年投入生产，年加工苹果各为20万吨，各产浓缩苹果汁3万吨，使得安德利的生产总规模达年加工苹果700多万吨，生产浓缩果汁10万吨及数千吨香精，占全国浓缩苹果汁行业总量的25%以上。你们如果有机会可以去陕西白水看一看，每天都有200多辆汽车在安德利公司的门口排队送交苹果。他们交来的还都不是你们在市场上看到的那种光鲜的好果，而是残次苹果。一方面是我们的果汁加工可以使用这一级别的果品，另一方面是，如果我们不收这些残次苹果，它们也买不出去，只能浪费。可是，由于我们可以充分利用这些残次果品，经过引进国外全套先进设备的精加工之后，成为鲜美的果汁出口换汇，使得当地的果农们都增加了非常可观的收入，极大改变了他们的贫困状况，增加了地方税收，受到当地政府和老百姓的很高赞誉。

通过介绍平高电气和安德利苹果汁这样两个例子，大家应该已经知道，科瑞经过10年的创业，目前正走在一条投资扩张的道路上，或者说是正在发展成为一家综合性的投资控股公司。走这条道路的，在西方的发达国家有非常多的成功经验，产生了很多著名的企业和企业家，但在我们国内却很少。尤其是国内的民营企业，怎样才能找到一条最适合于自身人才队伍特点的道路，很不容易。大多数的民营企业，都是在从事某一项或是几项产品的生产经营。做这样的企业当然也不容易，既要找到市场，技术要不断创新，设备要及时改造，管理要规范严格，质量要最好，价格要最低，成本还要最小。所有这一切，都需要企业家有一副专业的头脑，还要有这个领域当中最好的管理和技术人才。可是，我们这些学财经专业的人既不懂技术，也不了解产品，更不熟悉行业，难道我们就不能做企业了吗？你们知道，科瑞的人才特点正是财经，这就决定了我们在经营上要走一条和别人不一样的道路，必须扬我所长，避我所短。那么，我们的长处又在哪里呢？10年来的实践证明，我们目前的选择就是正确的，也是最适合财经专业的人才们发挥自身所长的一个最好的舞台。

大多数企业家都把眼光紧紧盯在产品市场上，始终考虑什么产品适合市场需要，哪些新技术和新功能会受市场欢迎。而我们做企业却不一定仅仅盯着产品市场，更重要的是看紧资本市场，考虑什么样的企业在资本市场上最受欢迎、最有增值可能、最有扩张机会、最能规避投资风险，在最短时间收回投资。当然，资本市场基础仍是产品市场，我们只是要多长一副头脑，多长一双眼睛，同时盯着产品和资本这两个市场。其中主要区别是：做产品的企业是一项一项做产品，做投资则要一家一家做企业。

宇宙万事万物，有起点就有终点，关键在于过程。从这个意义上来看，我们仍然在创业。科瑞集团的发展远景是要做成百年老字号，现在虽然有了10年这样一个时间过程的积累，但创业的精神永远不能丢。我们科瑞始终在倡导一种以人为核心的企业文化，这样一种文化今后也将长久地延续和发展下去。可是，人和人都不一样，从外貌到性格，从思想到感情，从家庭背景到事业追求，也许起点和终点一样，但过程肯定都不一样，甚至可以说是千差万别。不管是处在一个什么样的年代，有的人活得精彩，有的人活得平庸，还有些人可能活得很悲惨。我们要想活在一个什么样的过程当中，主要还是得靠自己去把握，同时还要靠周围朋友的帮助。人都是活在群体当中，企业也是一种群体。不一样的人处在同一样的企业里面，他们如何共处，如何合作，如何组成一个高效率的团队，重要的是靠企业文化的支撑。所以，要了解科瑞，就必须了解科瑞人，了解我们这些人是怎样走到一起来的。中国人讲究现身说法，今天就先从我开始了解吧。

有人说岁月如歌，有人说岁月如磨，有人说岁月如梭。说岁月如歌的人一定活得很快乐很轻松，每天都好像沉浸在美好的旋律里面；说岁月如磨的人一定活得很苦很沉闷，在熬日子，就像自己被放在一个巨大的石磨上；说岁月如梭的人一定活得很充实，因为他们总是感觉时间不够用，青春就像飞梭一样地离他们远去。现在看来，我应该属于第三种人。当面对你们一张张年轻面孔的时候，我真正感觉到自己的青春已经不在了。就像歌中唱的那样：我的青春小鸟一样不回来，我的青春小鸟一样不回来。

可是，即使我的身体已经不像小伙子那么棒，我感觉自己的思想、自己脑袋中的活力，也一定不会输给你们。1974 年，我从高中一毕业——那可是 20 多年前的事了，在座许多同学都还没来到这个美丽的世界——就没有了选择的权力和机会，没有高考，不能继续读书，也不存在就业的可能，政府只给了一条路：上山下乡当知青，其实就是务农。对于当时还是高中毕业生的我们来说，城市户口没有了，商品粮没有了，马上从城里人变成农村人，从学生变成农民，天天都必须下地干活劳动，看不到一丁点儿能够离开农村的希望。经受如此巨大的反差，那是一种什么样的感觉？人生前途何在，谁也不知道。这是我遭受到第一次真正意义上的人生考验。

当然，我并没有就此沉沦下去。就在1975年，也是下乡后的第二年，我入了党，并且当上了大队党支部书记。当时我还不到20岁，就每天带领着农民兄弟们“战天斗地”，一干就是三年。应该说，大队党支部书记也不是什么官，仍然处在社会的最底层。可是，就是从当大队党支部书记那一刻开始，我真实地感觉到了生命的挑战，感觉到“责任”这两个字对于一个人的人生意义有多大。当时也有可能被推荐上大学，但苦于竞争不过一个公社办公室主任的儿子——我是走资派的儿子，双方的条件不对等，没有可比性，既使我是党员也争不赢——结果只能是他走我留下。公社书记找我谈话说今年学校不好，组织上考虑要调你到公社去当干部。那个时候的我毕竟年轻，挡不住人家的几句好话，心就软了。

就这样，我在农村一直劳动生活到了1979年全国恢复高考。在听说恢复了高考的时候，自己心里的那种感受是非常复杂的。一方面重新看到了改变个人命运的希望，另一方面担心平时忙于工作对突然来临的高考准备不足，第三方面是高考已经中止了太长时间，有10年积累下来的学生要参加这次高考。当然，命运对我还是比较眷顾的，经过一番刻苦努力，我终于被大学录取攻读金融专业。当时，我们国家正处于计划经济年代，金融业的地位很不正常。“文革”期间，金融财政甚至干脆并在一块，完全没有金融的概念。我之所以选读金融专业，也是出于这一考虑。因为当时提出实现四个现代化的目标，要发展经济就必须要金融业支撑，按我当时估计，不出十年，金融业的观念和地位都会出现彻底改变，所以我毫不犹豫选择了金融专业。从后来的发展看，当初我的预测还算有点眼光。

当然，选对了专业只是一个开始，能不能完成专业才是最重要也是最艰苦的。尤其是高考前耽搁了几年的学习时间，使得后来的英语学习变得很不轻松。北方气候寒冷，每天我都舍弃了很多休息时间，坚持很早起床，至少背两小时单词。那个时代的人们对外语普遍不重视，实际工作中也很少有机会使用，可我感觉今后应该会用得着，所以不仅是在为考试而学，而更多的是在自觉自愿刻苦用功。也正因为如此，毕业分配到机关工作以后，很多次出国深造和出差都用到了英语。尤其是改革开放，一些朋友正是因为外语不过关，所以失去了不少很好的机会。机会来临的时候把握不住，是一件非常痛苦的事情。凭着熟练的英语，我多次到国外培训，而且做了不少外资交易，包括外汇交易，开始有机会走向国际市场。我个人的经历可以帮助大家思考：在目前这样一个时代，你们应该如何把握超前的意识。例如，我们国家的改革开放仍在深入，尤其是与发达国家比较，我们的金融发展在整体上仍然不够成熟，今后还有非常多的机会出现，就看你们将来能不能把握住。有些知识现在就能从书本上接触到，但更多的还只是理性上的认识。国内的金融市场既没有看过，更不可能做过。例如期权和期货的概念，今后就一定会更加普及，也是你们将来一定会面对的。

从学校到农村，从农村到学校，再从学校毕业分配到金融机关工作，我的人生道路发生了越来越大的变化，必须舍弃的东西也越来越多。其实，更加重大的变化还在后面，因为几年之后，我就遇到了你们财大的校友郑跃文先生。

在那个时候的跃文身上，已经具备了一种非常吸引人的气质。他在商业方面的感觉很好、很有心得，而且非常有闯劲，具备许多一般人所不具备的优点，让我感受到一种自己身上没有的活力。所以，当时的我已经有所预感：与跃文的相遇相知，有可能导致我今后整个人生道路的改变。可是，如果真的追随跃文下海，也就意味着我为之奋斗了多少年的东西都将要被舍弃掉——当时，我正在一家银行的国际部工作，属于自己所学的专业领域，才智能力都有发挥的空间，顺心顺意，走出去也算有头有脸，属于国有大企业的官员一类，每年都有多次出国机会，受到多少人的羡慕。但是也开始有一些养尊处优了，继续沉迷其间也很危险。所以我就问自己：这种生活真是自己所要的吗？是自己一辈子的追求和归宿吗？为什么年纪不大就开始沉湎于某种浮华的满足并消磨自己的意志呢？不敢承担风险，没有丝毫激情，缺少生活的浪花，唯一要去争取的就是左右逢源，甚至阿谀奉承、请吃送礼，以求得仕途顺畅。然后就把自己的一辈子都看清楚了，等到退休，每天读书看报，参加组织生活。

怎么办？毕竟自己还算是年轻，无论如何都应该换一种活法。既然党和国家的政策那么好，小平同志也提出了“摸着石头过河”，再加上跃文这些有才有德的兄弟们一块儿努力，为什么不尝试尝试？“下海”之后当然有可能会给淹死，但也有可能会走向一个胜利的彼岸。前景究竟如何还看不清，最终是成是败没有人能一口说准，但只要有追求的可能性，当然应该去尝试，去选择一种难以预见的高度并为之奋斗。如果按现在人的话来说，我是先走出了第一步，为党和国家分忧解难，提前下岗。所以，当时的很多事情别人并不理解，但现在回过头来看，大家就都理解了，也证明了我们当初的选择是正确的。

人在最困难的时候往往智能最高。比如，当一名歹徒突然出现在面前，要想活命就得有各种办法来对付，往往急中生智，做出很多平常不敢做也做不出来的举动。与此相同的是，有时候我们也会自己把自己逼入绝境，反而充满斗志，这叫“置之死地而后生”。研究和分析一家企业，也不能单纯看有多少亿的资产，关键在于困难的时候那种处变不惊、临危不惧的精神。每家企业都会经历很多的困难和痛苦。科瑞今天取得这样的成绩，并不意味着将来就不会再遇见困难——有困难怕什么？每遇到一次困难，人的承受力就会得到又一次的提高，战胜困难的勇气会更加充足。所以说，困难是人类前进的动力。比如谈恋爱，第一次失恋是最痛苦的，如何处理那种结局也是感觉最困难的。到第二次失恋的时候，痛苦和困难的强度就会减弱许多。如果还有第三次的话，估计可能没什么痛苦的感觉了。当然，你们年轻人谈恋爱和我们做企业毕竟不是一回事儿，但有些道理也是可以相通的，比如对人心灵的触动就有一致的地方，也都反映出人们在面对问题和困难时的心态。

下定决心，坚持不懈，朝着自己设定的目标前进，就一定有希望到达成功的彼岸。任何一位成功的企业家，几乎都是从艰难困苦中走过来的。如果说有人在一夜之间就能把企业做大，那也是暴富，不出几天就得为这种暴富付出沉重的代价。最简单的例子是炒股。就像来了行情赚到了钱一样，如果是 1 万元变成了 10 万元，胆子就会开始变大，把赚来的钱再加大一倍继续投入股票。如果没赚到还好，赚到了胆子就会更大，还会嫌到手的钱不够，因为感觉赚钱太容易了，似乎自己已经成为了炒股高手，应该继续大炒特炒。结果，第三次就有可能把前面所有赚到手的钱都给炒没了。这是为什么呢？是因为突然间轻易到手的成功，只会助长人们一种不切实际的幻想，从而导致轻率，导致惯性决策，最后导致错误的判断和投入，以致血本无归，从而为第一次的暴富彻底付出代价。去年的股市变化，对于大多数股民就是一场悲剧，多少老百姓的钱都泡了汤。在如此严酷的事实面前，我们难道还不应该更清醒一点吗？有几个朋友炒股曾经炒到了 2 亿元资产，也认为是因为自己理财有方，于是又拆借了 2 亿元，将全部 4 亿元的资金再次投入到股市。可后来告诉我说，现在全部的资金都已经被套牢了。所以，真正想做企业的人，不会老是惦记着天上掉馅饼的美事，都明白“舍弃”这两字的真正意义。不经历风雨，哪能见彩虹？说的也是这个道理。

除了懂得舍弃之外，对于企业家们来说，学习的精神比什么都重要。一个人能有机会在专业学校接受专业训练，应该好好珍惜。这有点像是老生常谈，但是，只要到了实践当中，真正有一家企业在自己手上的时候就会明白，原来自己的知识储备远远不够。一个人无论处在什么样的社会里面，要想成功，受教育就必然是一辈子的事情。当然，受教育的方式不仅仅是上课和读书。接触社会，从社会的实践当中去体验生活，某种意义上比死读书、读死书要有意思得多，很多活生生的人和事，也是在书本上根本无法感受到的。读研究生、读博士当然都是受教育的好机会，但知识是需要更新的，社会时时刻刻都在进步，而教科书上的内容是过去式，是已经固化的经验和知识。尤其处在目前这样一个信息时代，真像古人说的那样：洞中方才一日，世上已过百年。我们绝不能固守在书本的知识上面。我个人的体会也是如此，过去在学校学到的知识，很大的一部分现在都过时了，用不着了。当然，那是在计划经济体制下编的教材，货币银行学用的也是批判的眼光，区分社会主义和资本主义不同的货币银行体系，与我们目前所面临的社会形态完全不同，完全用不上，必须彻底舍弃掉。所以，即使在最艰辛的时候，我们仍然坚持学习，不仅是郑跃文先生拿到了博士学位，我也“不小心”拿了一个回来——当然，说“不小心”只是开玩笑，我们自己明白其中付出了多少努力，也至少说明我们天天都在充电，同时天天也在放电。

认真体验一次发达国家的现代经济模式，我们会找到自己的差距所在，会感受到无形的压力，同时也能增加很多知识。光是一纸文凭、一顶博士帽，并不能说明什么，至多算是某种象征而已。我们之所以如此看重学习，也并非在追求某种政府机关里的公众职位，而是希望能获得更多的知识和运用知识的能力，去应对日益复杂多变的市场竞争。所以，人的一生其实都在接受教育，都在舍弃旧的知识，汲取新的智慧。离开学校进入社会，就能真正明白“竞争”这两个字的残酷意义。即使是只想要一份可心的工作，现在都很难找到。应该说，面对困难的时候并不可怕，无论面对现实或者理想、顺境或者逆境、困难或者轻松，甚至面对着失败或者成功的时候，是否始终都能坚守住自己的信念，坚信自己的能力，是否懂得舍弃和坚持学习，这是10年来我们始终认定科瑞人应该具备的良好品德。

10年来，形形色色的人员都曾经在科瑞的舞台上出现过。应该承认一点，即能够进入科瑞的绝大多数人，都曾经接受过高等教育，有过很好的专业训练。但是，知识和专业能力并不能代表全部。如果一个人在品行上出现问题，仍将一事无成。我们的社会是正在走向成熟的市场经济，企业需要的人才，是那种接受过良好教育的同时，具备完整人格的人才，而不是专业技能虽然不错，但人格方面存在缺陷的人才，智商绝不能代表全部。虽然我们从来不会，也从来都没有为难过任何一位进入科瑞工作的人员，但对待那种品行不好的人，任何企业都会十分警惕，这种人最终必将被社会淘汰。

回顾以往，展望未来，我们在庆幸自己生逢盛世的同时，更多的还是应该感受到肩上责任的重大。10年“动乱时期”，我已懂事，所以明白什么叫“国穷民弱”，什么叫“物资匮乏”，什么叫“民生凋敝”，什么叫“食不果腹”，什么叫“发生了翻天覆地的巨大变化”。盛唐时期，我们国家的GDP曾经占到全球总量的28.7%。改革开放以后，我们又重新站了起来，国民经济增长率平均达到持续高速发展，在短短的十几年里，就迅速发展成为全球第六大经济强国，城镇居民平均收入也从1978年的仅134元到2000年2253元。因为摒弃了“两个凡是”，我们告别了个人崇拜；因为小平同志的南巡讲话，我们告别了计划经济；因为2001年加入了WTO，我们又告别了所有制的歧视。所以，社会的进步，经济的发展，人民生活的改善，根本原因还在于打破了禁锢思想的牢笼，所有的中国人都因此而焕发出新的活力。

今天，我还想再次提醒大家的是，市场经济毕竟是一种竞争经济，有人成功，就会有人失败，有人被淘汰。尤其是处在目前这样一个社会调整期，就业形势非常严峻。例如，北京市2003年的高校新增求职毕业生预计达10万多名，而同年国家计划招收的公务员名额却仅有5400个，比率是20：1，也就是说有20多人要去竞争1个职位。清华可是国内最著名的大学了，过去的毕业生可谓供不应求，走到哪里都有人抢。现在反过来了，清华学生的求职比率也达到了 13:1，大家都得去抢饭碗，每 13 个学生抢 1 个——那可是清华的毕业生啊，竞争就有这么激烈！

除了公务员之外，社会还需要一些什么样的人才呢？加入 WTO 之后，将逐步放开金融市场，国外的金融机构会进入中国抢夺人才。可是，中国的金融界有上百万工作人员，真正算得上是人才的人又有多少呢？大家不妨好好想一想。外资企业瞄准的是才，只要我们有才，就会有机会。应该承认，去外企工作还是有相当吸引力的。目前外资企业的中国雇员平均年薪大约为 1.4 万美元，而国有 4 大银行职员的平均年工资约 24000 元人民币。因此，现在有 41300 人在外资银行工作。外资银行吸纳人才有一套国际化标准，包括计算机、法律和英语等等方面，必须具备多样性的知识结构。

另外一条道路是出国深造，甚至到国外工作——有意思的是，外国人都想来中国淘金，我们不少中国人却喜欢去国外赚钱，以为国外的钱更加好赚。有这样一位朋友，本来在国内做得很不错，却突发奇想要到“自由王国”加拿大去，还把全家都搬了过去，花几百万在国外买房、买车，工作这么多年了，休息一下原本无可厚非，可过了两三个月之后，终日无所事事，感觉自己还年轻，于是开始找工作，向各家大公司银行发个人简历，可几个月了都没有反应，以至一年多了还是没找到工作，一家人坐吃山空，第二年继续找，依然没有着落，最后只好回国。这件事例说明，西方社会有自己的意识形态和生活方式，与我们有很大的差别。包括很多北大、清华的毕业生去到国外，也都感觉工作生活很难，各行各业都要资格证书，等到这些证书拿到手了之后，年纪又不小了。

如此说来，有同学要问：公务员的职位这么少，竞争那么激烈，出国又太艰难，我们大学生毕业之后的出路在哪里呢？我的答案是，当然在国内，到我们民营企业来，民营企业欢迎你们！

你们生活在当前这样一个时代，其实非常幸运。因为，你们可以自主择业，还可以自由创业。你们面临的绝不仅仅只有竞争，还有机会。市场经济的规律表明，有竞争就有商机，竞争越是激烈，商机就会越多。到民营企业工作和实践一段时间之后，你们就会体验到什么是真正的人生，你们的才干也会得到很好的锻炼。这个时候，如果不再满足于高级打工仔的生活，就可以出去创造一番自己的事业，办一家自己的公司，在为自己打工的同时，也为社会创造出更多的财富和就业机会。

未来是你们的，未来的成功也属于你们！

谁来提出问题？

走过了20年的改革路程，中国的企业家们都干了些什么？

甚至，中国现在有企业家吗？什么样的人才能登堂入室，榜上嵌名，算是一个真正的企业家呢？

企业创新就是策划吗？不去策划，又如何创新呢？

蛇吞象，算不算兼并？非得象吞蛇，那才叫兼并？大企业可以兼并小企业，小企业能不能在大企业身上做做文章？

东方人总是爱打人的主意，尤其爱打能人的主意。然而，到底怎样才算尊重人才？

战场厮杀，你死我活；市场竞争，如火如荼。我们的企业家们，竞争到底是竞什么争什么，你弄懂了没有？

——这就是陈惠湘在他的新著《中国企业批判》中所提问题的一部分。

有人读了这本书以后，大喝一声：写得好！但也有人在读过之后，只是摇摇头，说一声“不过如此”，或者是“太浅，太淡”。

你不能期望现实生活中每天都能有些戏剧效果，每天都在惊险曲折中度过。你也不能要求我们的企业家们天天都怀抱一种惊天地、泣鬼神的豪侠之气，干的也必须都是些史无前例的开创性工作。企业运作到底是怎样实现的？企业家们都应该是些什么样的人？他们每天都应该干些什么？

我建议，您先不妨耐着性子，去读一读陈惠湘的这本《中国企业批判》。

陈惠湘的第一本书就叫做《联想为什么》，在这本《中国企业批判》中，他又向人们提出了一大堆的问题，其中有些问题或许他还给出了答案。无论作者有没有给答案，人们都尽可以见仁见智，开动脑筋想一想，所谓“横挑鼻子竖挑眼”，恐怕就会有戏。有了思考，才有可能离真理越来越近。

我想，发现问题，提出问题，才有引起人们重视的可能性。做人也好，做企业也好，最重要的，也许就是需要具备一双锐利的眼睛，善于看出破绽，发现问题，找出毛病。然后才好对症下药：或猛或缓，或汤或丸，需要时不妨做个手术，再将息数日，便又是一条活蹦乱跳的好汉，一家充满活力的企业。

关键是，谁来提出问题？

便于操作的A管理模式

似乎所有的管理教科书，都自称能使您成为最好的经理、厂长。从泛滥于书市的MBA教材，到《A管理模式》，莫不如此。

可是，《A管理模式》也许确实不一样。

号称为“职业经理人员的操作指南”的《A管理模式》，将企业文化、组织结构、权力分配、指挥系统、信息交流、财务预算、人才使用、行政后勤，以及公文的撰写、材料的采购、技术的开发、产品的更新、生产的组织，仓库的保管，还有怎样开董事会、怎样写请购单、怎样开办员工食堂、怎样进行培训考核等等，几乎要涵盖全部的企业行为，统统都纳入到了企业管理的范畴，甚至将“手提式干粉灭火器检查处理表”的表样，保安人员“守卫日志”的样稿，工程验收单、计划实施时间表等等详尽而又明细的图表样式全都一并纳入，分门别类，一一道来。

所以，这本近七百页的《A管理模式》，就有了四十万字的容量。

《A管理模式》的长处，其实并不在于它提出了一种如何先进的管理模式，而正是在于它的可操作性和详尽的示例。

如果有心人真能细心地读完这本于20世纪90年代后期才出版的《A管理模式》，请先不要嘲笑和责备作者那近乎啰嗦的仔细与认真。虽然我们已经进入了信息时代，更加先进、科学且简洁的管理思想和企业策略瞬间就能从英特网上进入到我们的电脑，虽然我们也曾在计划经济时代的国有企业工作过，如何做采购、如何搞计划、如何对员工考核培训等等，那可能都不过是小菜一碟。但是，尽管时代不一样了，管理却依然是具体而琐细的。任何自称先进而又科学的管理观念或者管理思想，都无可回避的要面对企业天天都在发生的大量而又繁杂的实践活动。如何使处于各个层面的企业活动有序展开，如何对企业日常的实际运作状况实施有效的监督，如何使某种先进而科学的管理理念渗透进来并真正为我所有，以至利用各种各样的表格模式来实施和检查企业各岗位人员的具体运作，《A 管理模式》是一本很好的手册。

作者刘光起曾经有过在外企工作的经历，他甚至自称，已经将外国企业的很多先进的管理方法与我们中国的国情结合了起来，最终才撰写出这本《A 管理模式》。我想，外企经历也好，先进模式也好，也许都不是最重要的，重要的是适合我们的国情，从我国企业的现状和发展的趋势出发，有很好的可操作性。就操作性强这一点来说，《A 管理模式》不失为一本好书。

知识不是经济

300年前，17世纪末，中国的康熙皇帝和俄国的彼得大帝都善于吸收新鲜知识，康熙还向洋传教士学证几何题。两个皇帝都锐意改革，康熙兴修水利，发展农业，改革税制，力度不可谓不大，也开创了“康乾盛世”。然而康熙对发展新产业、兴办工厂毫无兴趣，而彼得跟上时代步伐，兴办工厂。一个半世纪以前，中国丧权辱国最深层次原因，是新兴的西方工业化经济冲垮了中国的小农经济。

以上是吴季松先生所著《知识经济》一书为我们分析的一段史实。

掌握了什么知识，便开展什么样的经济活动，这几乎是天经地义的事。爷爷是铁匠，孙子拉风箱；爸爸懂电脑，儿子敲键盘。从古至今，我们其实都在将知识一代一代地往下传，真正失传的并不多。像什么种植技术、养殖技术、怎样治水、如何接骨、天文历法、阴阳八卦、孔孟之道、资治通鉴、三纲五常、四大发明……这些，不能说它们都不是知识吧？我们是一个有着五千年文明的古国，最不缺的，恐怕就是知识。后来，清朝帝王也开始尝到了所谓“船坚炮利”的工业文明之害，甚至派出大批的留学生们和各种使臣们去“夷”国学习了很多别人的知识，要“以夷制夷”，结果却仍然没有逃过为夷所制的命运。所以，知识不是经济。

知识不是经济，有四个含义：

其一，并不是所有的知识都能成为直接推动经济快速发展的力量。如能证几何题和兴修水利的康熙，善于洋务外交的李鸿章，不能说他们没有知识。

其二，知识是过去式，经济是正在进行式。知识是实践中获得的认识和经验，经济是指社会物质生产、流通、交换等活动。“知识就是力量”，经济确定了这种力量的方向。知识是相对固化和相对静态的，而经济却是动态的，是处于不断发展的过程之中的。也就是说，在一种新的知识出现的同时，这种知识所代表的实践方式可能已经被淘汰。比如，当我们开始学习 DOS 知识的时候，WINDOWS 正在推出；当我们的足球学习防守反击打法的时候，全攻全守阵容开始推出；当我们的银行还在推广点钞机的时候，电子货币、网上交易正在兴起。在这样一个新旧知识“超音速”般更新换代，信息、知识“大爆炸”的时代，一味跟在别人总结的知识后面，终为知识所累，处于极被动的局面。只有那些既不排斥别人的知识，更能充分发挥自身的创造精神和创新能力的企业和企业家，才可能成为市场经济最终的赢家。

其三，知识不是经济，还因为经济本身就是一门科学，一种知识，是知识研究的对象。这就像苹果是水果，水果却不仅仅是苹果了。即使进入了知识经济的时代，有知识的人，也不一定有经济头脑；有经济头脑的人，却一定有知识。有知识却不懂经济，不一定是坏事；有经济实力没有知识，肯定会坏事。有知识的人不一定是企业经营管理人才，企业经营管理人才却一定要有知识，而且其知识结构中最重要的部分，是创造精神和知识创新能力。

其四，经济只是一门科学，知识是构成经济活动的一种元素。如果将资源、货币、经济组织、企业文化甚至从事经济活动的人本身等都从经济活动中抽出来，只留下知识这一种元素，经济活动便已经不存在了，知识经济更无从谈起。

有人说，将美国全部图书馆的藏书都搬到中国，并不能说中国就已经进入了知识经济时代。我想，吴季松先生的说法应该是对的，知识经济最重要的特点，是“以智力资源为首要依托”。

知识不是经济，经济离不开知识，这就是扑面而来的崭新的知识经济时代。

罗文的忠诚

罗文是阿尔伯特·哈伯德的名作、被誉为“成功学圣经”——《致加西亚的信》一书中的主人公，全名安德鲁·罗文。

19 世纪的古巴被西班牙军队占领，古巴人民在受到野蛮奴役之后奋起反抗，争取自由。与古巴毗邻的美国密切关注形势的变化，并于 1898 年 4 月正式向西班牙宣战。为了与古巴起义军合作，美国第 25 任总统麦金莱直接向罗文中尉委以重任，要求罗文向古巴起义军首领加西亚送去一封可能决定战争命运的信。然而，这位加西亚将军究竟在什么地方，没有人知道确切的地点，只知道是在古巴丛林的某个山里。罗文没有提出任何问题和要求，只是以他绝对的忠诚、责任感和创造奇迹的主动性，克服种种困难，徒步走过一个危机四伏的国家，出色完成了这件看似“不可能完成”的任务。为此，罗文被称为美西战争中的英雄。

罗文其人其事并非作者杜撰——安德鲁·罗文是美国弗吉尼亚人，1881 年毕业于西点军校。因为他出色完成了将信送给加西亚的任务，被授予杰出军人勋章。此外他还因作战勇敢而受到过嘉奖，退役后的罗文在旧金山度过余生，1943 年 1 月 10 日逝世，享年 85 岁。

拿破仑有一句名言流传甚广：不想当将军的士兵就不是好士兵。但他还有另外一句话：不忠诚于统帅的士兵就没有资格当士兵。这句话知道的人就不那么多了。《致加西亚的信》着力渲染罗文的忠诚，作者阿尔伯特·哈伯德甚至将这种忠诚引申到军队以外的社会领域，使得现在的许多企业经营者也视其为管理法宝、成功圣经，就像当年日本天皇下令每一位日本政府官员、士兵乃至平民必须人手一册那样，有的民营企业也购进了大批《致加西亚的信》，分发给自己的员工，希望大家在认真阅读之后，都能成为企业的罗文。然而，这样的举动引起不少人的疑虑：我们的企业什么时候也变成军队了？

任何事情都有两面性，甚至多面性。从企业的角度来看，管理者们当然希望自己的员工都能成为像罗文那样的人，其用意就是希望在企业内部能够长期保持忠诚和敬业的精神，每一位员工对自己的本职工作都有强烈的责任感和主动性，不需要外人监督，同时在完成工作的过程中，能像罗文那样勇敢和坚毅，面对困难绝不轻言退却，始终坚持必胜的信心，恪守信义，不辱使命。否则，一个庸庸碌碌、懒懒散散、不思进取的企业团队，在残酷的市场竞争环境中，绝不可能获得生存机会。从员工的角度来看，来到企业中的每个人，都有自己的期望：有的人期望增长才干，有的人期望积累财富，还有的人期望获得更多的社会资源，结识更多的朋友，掌握更加有利于自身发展的社会关系，如此种种，不一而足。总之，人的期望值尽管有所不同，但至少有一个相同之处，那就是这些期望值的出发点，都是基于自身利益的考虑，也就是经济学家们通常讲的“追求自身利益最大化”。

那么，我们究竟应该忠诚于企业，还是忠诚于自身利益的最大化？

忠诚者必然敬业，敬业者必定忠诚。忠诚和敬业绝不仅仅有利于企业或老板，忠诚和敬业的最大受益者，其实还是我们自己。因此，忠诚于企业与忠诚于自身利益的选择，是统一体，更是一枚硬币的两个面。罗文的忠诚，当然因为他首先是一个军人，军人以服从命令为天职。但更加重要的还在于，有了罗文的忠诚，这支军队才能打胜仗；没有罗文的忠诚，这支军队很可能就会被敌人消灭。当自己的军队都已经被敌人消灭了的时候，罗文何在？罗文的自身利益以及他所有的期望值又将如何实现？更何况当前市场环境竞争的残酷性，并不亚于战场，企业存活率持续偏低，尤其是创业阶段的企业，几乎九死一生。这种残酷性相对于战争来说，是有过之而无不及。因此，一个具有忠诚和敬业精神的企业团队，就显得弥足珍贵，那些具有忠诚和敬业精神的员工，才是企业最需要的人——忠诚不但是品德，更是一种能力，是其他所有能力的基石。如果失去了忠诚，其他能力也就没有用武之地。而忠诚和敬业的人，才是值得信赖、可以被委以重任的人。这种人被所有企业看重，永远不会失业。而朝三暮四、终日抱怨的人，因其无法改变恶习而难以获得成功。正像阿尔伯特·哈伯德说的那样：我钦佩的是那些不论老板是否在办公室，都会努力工作的人，我也敬佩那些能够把信交给加西亚的人。静静地把信拿去，不会提出任何愚笨问题，也不会随手把信丢进水沟里，而是不顾一切地把信送到。这种人永远不会被解雇，他在每个城市、村庄、乡镇，以及每个办公室、商店、工厂，都会受到欢迎。

中篇

微观民营企业生态

成功缘于选择 *

编辑部：科瑞创业10年，已经奠定了很好的基础，在你看来，科瑞成功的主要经验是什么？

任晓剑：一个企业能够比较健康的向前发展。实际上靠的是综合因素。当然，每一个企业都有其自身的特点。这些特点的形成，首先是缘于企业文化的独特性，企业的文化往往在深层次上决定了企业一系列的行为。从这个意义上说，我觉得最重要的一点，是科瑞对市场的把握有比较前瞻性的眼光，善于去把握市场中稍纵即逝的机遇，即抓机会的能力非常强。在别人还没有想到的时候，我们已经就看明白了，而且决策迅速果断。这是一种文化的积淀，不是一般人可以学到的，这或许是科瑞的特点。第二个方面就是，我们的任何一项投资决策，都在力图发挥我们优势的同时，努力避开我们的短处。我们这些董事，都没有实实在在地运作过哪怕100万元投资的企业实体，如果我们像联想那样去做企业的话，或许我们早就垮了，因为我们不善长那种干法，我们的优势在于做投资，做资源的组合，这是科瑞的强项，我们有金融基础，可以用金融的手段去撬动资源，并将这些资源组合起

---

* 本文撰写于2002年。

来，这是科瑞的特色，也是科瑞这10年来形成的核心竞争力。

编辑部：以上您谈到了科瑞发展战略上最具特色的两个根本点。那么，我想进一步问的是，科瑞的高层是如何在这两个根本点上形成共识的?

任晓剑：这个问题涉及到企业文化理念的问题。一个企业要在发展战略上形成共识是一件不容易的事情，也是一件绕不过去的事情。一个好的发展战略的形成，需要企业高层的志同道合。科瑞高层管理者的文化理念，个人品行以及团队组合是相当不错的。在企业当中，人与人的矛盾冲突无外乎两种：一种是利益上的冲突，再就是工作方式方法上的冲突。这两种冲突交织在一起，往往就会形成发展战略上的不一致。如果处理得不好，最终可能导致一个团队解体，这种情况在民营企业界是很普遍的。而我们科瑞的高层领导在文化理念上认同感是很强的。孔子说：小人同而不和，君子和而不同。尽管我们每个人都有自己的特点和个性。但是这10年来，大家却能够和衷共济，不争一日之高低，不计一时之长短，因为大家的目标是一致的。正因为有了这种文化理念上的趋同性，所以我们依然能够保持领导结构的团结统一，使我们的团队更具有协作精神，并且在多年的运作中形成了现在的经营模式。

编辑部：听说万科的王石一直是把自己定义为职业经理，因为中国不缺老板，但是比较缺职业经理。你怎么看待国内职业经理人的状态?你对科瑞未来的职业经理队伍建设是怎么看的?

任晓剑：我首先同意王石这种观点。我也可以把自己定性为职业经理，像我们这些人都应该属于职业经理。为什么?我在一个企业的高层干了10年，虽然不是完全意义上的职业经理人，但有了这10年一线经商的经历，一步一步干过来，就有了一个基础，知道市场经济中的企业是怎么一回事。中国原来是没有老板的。10年以前，大家都不是老板，科瑞创业才五万块钱，能算什么老板呢?所以说，像我们这样的人，首先应该将自己定性为职业经理。我之所以这么说，是因为中国还没有形成一种真正意义上的职业经理人队伍。第一，计划经济向市场经济转型的时间并不长，这一点点时间还不足以培养出一批职业经理人。如果说有，那就是我们这一些人，而不是什么另外的人。我们中国的情况不像美国，美国现在的中产阶层多半都是职业经理。中国现在还没有到这个阶段。第二，职业经理第一位的是要讲职业道德，目前的商业社会诚信缺失的情况还比较严重，极大地限制了职业经理基本素质的培养，我们还缺乏一套可行的制度来约束职业经理人的行为方式。

编辑部：经过10年的发展，科瑞已经建立了相对稳定的产业结构，在此基础上，你对公司未来的发展有些什么展望?

任晓剑：科瑞前10年，我认为最重要的价值在于科瑞锻炼出了一批人，并拥有了一支队伍。跟10年前比较，我们现在看问题的角度、看问题的深度、谈问题的观点，包括行为方式、决策水平，肯定是上了一个台阶。也就是说，这10年来，成功也好，失败也好，困惑也好，包括我们个人之间的一些不同看法、不同观点也好，风风雨雨我们都走过来了。这些亲身的体验，是很宝贵的。中国的市场经济走了这么多年，也开始出现一种稳定的局面，政府也知道怎么来管理一个有效率的社会，怎么让这个社会可持续发展，让企业家迅速成长起来。包括即将召开的中共十六大，已经有一种很强烈的信息，社会改革将会进一步深化。从大的宏观环境来讲，现在对我们更有利了，而从企业的微观环境来讲，我们已经形成了一支有经验，有一定道德水准的队伍。同时我也探索出了一条指明科瑞发展方向的战略思想。这三个条件，就奠定了科瑞未来发展的一个非常好的前景。我非常看好今天的科瑞。只要大家再努一把力，不出现大的失误，我们的明天一定会更好。

庄子有句话，我非常喜欢："举世而誉之而不加劝，举世而非之而不加沮。定乎内外之分，辩乎荣辱之境，斯已矣。"就把庄子这句话送给科瑞人吧！

置身全球视野，谋求企业发展 *

编辑部：在现代企业制度当中，执行总裁是一个至关重要的领导职位。在科瑞成立10周年之际，您开始出任执行总裁，这一年来，集团主营业务进一步确立，投资力度继续加大，在经营与管理方面都取得了较大的进步。

我想请您回答的问题是：在制定战略的时候，您主要基于哪些方面的考虑？与10年前的科瑞相比，尤其是中国加入WTO以后，我们企业面临的外部环境发生了重大的变化，在战略性决策的设计和制定上，我们如何保证科瑞的健康发展？

任晓剑：今年的7月28日，我们就要迎来科瑞集团成立11周年的纪念日了。走过11年的风雨历程，科瑞一步一步长大，一步一步成熟，不再是最初那种处在发现机会、寻找机会、采用类似小部队突击方式作战的企业了。我们已经开始建立起自己的根据地，形成了一些特有的优势和稳健的风格，这是因为企业面临的社会环境和市场经济条件，也都发生了重要的变化，我们也日益成熟的缘故。在纪念科瑞成立10周年之际，我们曾明确提出，一定要对过去10年走过的道路作一个很好的总结性回顾。

---

* 庆祝科瑞集团成立11周年专稿：任晓剑执行总裁访谈录。

对下一步怎么发展，要形成一套更富于创造性的思维，其目的就是要解决下一个10年科瑞人该怎样走，企业该怎样继续成长的问题。转眼11周年即将来临，这项工作我们已经做了一些，但还要继续做下去，尤其是在审视过去、展望未来的过程当中，在始终着力于企业发展的同时，把企业管理摆到议事日程中更重要的位置。

科瑞以往业务成长的核心是金融投资，同时也尝试过一些其他的相关行业，例如房地产和销售网络方面的投资。其中有成功的，但也有些项目并不那么成功，甚至有的还失败了。当然，在科瑞以往的投资项目当中，成功的项目总是要大于失误的项目。那么，成功的项目为什么会成功，失误的项目为什么会失误？区别它们的根本点在什么地方呢？我认为，关键还在管理制度上，在于有没有形成一套科学完善的管理手段。例如，我们是否建立了合理的投资决策体系，是否建立了合理的分配机制体系，是否建立了合理的人才引进和培养体系，这些都是我们在总结以往发展经验的过程当中，必须引起重视的问题。在企业的创业阶段我们考虑的首要问题常常是企业的生存问题，往往会把所有的精力都放在解决生存的问题上，总认为管理上的事情可以放在后面去想。但是，当一个企业做到了一定规模以后，如果仍然不重视管理问题，就有可能造成一个接一个的失误，甚至可能把企业已经积累起来的一些资源消耗殆尽，使企业毁于一旦。所以，当我们站在一个更新的高度来审视我们这个企业的时候，就会面临一种战略性的选择，这就是：必须彻底抛弃以往的一些错误做法，大力进行改进和提高我们的管理水平。

今年，我们在投资领域又向前跨进了一大步。尤其是安德利在香港的上市，表明我们的企业已经跨出了国门，走向国际市场，真正开始接受全球市场的考验。我们不再仅仅是在国内的一种体制下，而是在整个国际市场上、在全球化的市场上来运作企业，这无疑对我们提出了更高的要求。

加入WTO之后，中国企业面临的市场环境确实发生了许多变化。然而，在加入WTO之前，我们科瑞早就开始与国外的企业和市场打交道了。例如，我们的安德利浓缩苹果汁，在美国市场上赢得了反倾销诉讼等一些实例，说明我们的经营触角早已经伸展到了国外。尽管加入WTO对国内企业会造成某种程度上的冲击，但从积极的意义上看，更多的应该是让我们企业得到了锻炼。我们早就不是处在一个相对封闭的市场当中了，中国企业在国内做的每一件事情，其实已经和整个全球经济融为了一体。中国加入WTO，某种程度上是把我们的整体经济都纳入到全球商品经济的舞台当中，去跟外国人一块操练。无论是贸易上的歧视，竞争过程中的不平等待遇，都大大降低了。在WTO这个框架当中实现全球经济的一体化，本应该是一件好事情，但也不可避免地引出一些问题。尤其是在微观层面上，这将迫使公司的经营者们都要开始懂得国际法，熟悉一些国际市场上通行的习惯做法，也就是所谓的“国际惯例”，并逐步掌握国际市场的一些运行规律。我们国内企业生产的任何一种产品，如果进入到全球化的市场当中去销售、去卖钱，就意味着是去参与一种竞争，无论在质量、性能、价格、品牌还是服务方面，总要有自己的优势。因此，在这种前提之下，我们就已经是在把自己置身到一种国际化大市场的环境当中去思考问题了。在讨论所谓全球化问题的时候，包括国内的一些民营企业家们在内，认为只有自己也到国外去投资、设厂，那才能算是真正的全球化，这样的想法失之偏颇。当然，去国外投资设厂确实是一种很好的扩张形式。企业的产品已经做得很不错了，不但在国内的市场叫好，也想把这些产品推到国外更广阔的市场当中去，当然可以选择出去办厂的形式，有的企业则选择在国外建立代理商的方式，还有一些企业采取直接在国外推销产品的方式。但是，所有的这些方式，都不意味着只有产品或企业出去了，才算是参与了全球化，在国内做企业、做产品就不是全球化了。原因何在呢？就在于我们已经把“门坎”降下来了，受益的不仅仅是走出国门的国内企业，同时包括那些正在和已经进入国内的外国企业。很多原来受到国家政策保护的行业，现在不再保护了。我们在国内做的产品市场，不再仅仅是与国内企业展开竞争，全球500强当中的一些大的跨国公司也都参与了这场竞争。所以，在这个平台之上，大家都是平等的。

还有一种重要的方式，即国内的公司将自身的股权投入国际资本市场，去接受全面的国际化。这样一来，公司的股东就不再仅仅局限于国内了，原来的游戏规则就有可能完全改变，要按照国际上通行的投资理念来经营你的企业，企业的所有行为都必须放到国际环境之下来考虑，企业的经营和管理必须按照国际惯例来进行，包括像财务数据的公告形式，企业经营信息的披露形式，都要按照国际惯例来做。同时，既然企业的经营管理是在全球化的环境之下来进行，就意味着脱离了“原有的几个股东想怎么做就怎么做”这样一种随意性的行为方式。所以，当国际资本加入到我们的企业当中来之后，企业经营管理者的眼光，就要同时放到国内市场和国际市场这两个方面。全球经济一体化的进程必将迫使每一个企业都必须在经营理念、管理模式、人才队伍、知识结构等等方面发生根本性的改变，否则就不可能追赶上时代发展的步伐。这也是对中国民营企业家们的一次重大考验。

因此，基于国内和全球经济环境正在发生的变化，科瑞集团更不可能固步自封、裹足不前。我们的投资目标，我们的经营理念，我们的决策方式，正在进行一次全面的调整，以适应我们重新制定的第二个10年的企业发展目标。

编辑部：有人认为，科瑞是一家非常特殊的企业，富有传奇性，其中包含一些让人迷惑的东西。在科瑞发展的第一个10年当中，包括从1993年到1995年，用了3年时间在电气开关领域进行探索；1996年到1998年就平高电气的项目合作谈了3年；1998年到2001年用了3年多的时间成功实现了平高电气的上市。可以说，这已经成为科瑞非常优秀的一个范例，也是花了9年时间才成功实现的范例。最近，科瑞又在香港联交所创业板成功地将安德利果汁推动上市，而且还是在SARS疫情暴发高峰的特殊时期，这令许多业内人士钦佩不已。

我想请您谈谈，科瑞在产业投资领域的成功推进，是由哪些方面的因素造就的？或者说，您作为集团的执行总裁，能否从您的角度告诉我们的读者，科瑞的这样一种发展道路，是由什么决定的？这些因素与科瑞创始人的知识结构和经营视野有何联系？您认为哪些因素是必然的？

任晓剑：我同意你们的基本判断：任何行动的结果，肯定是早有准备的，只不过人们对这个结果的预期，一般都要经历由朦胧逐渐过渡到清晰，最后才达到目标这样一个过程。

11年来，科瑞人主要是在埋头做事，局外人也许是雾里看花，认为科瑞有些神奇色彩，甚至带有某种传奇性。对我们的经营方式、经营理念如果没有一个很透彻的了解，也就谈不上产生很真切的理解。在这11年当中，科瑞参与过国有企业的改造工作，做得很成功，例如平高电气；从事过民营企业改造，做得也很成功，例如安德利果汁。仅从这两个案例来分析，自经营初期开始，我们就是有所准备的，同时这也跟我们的知识结构、我们的经营理念以及人格境界形成的核心竞争力相吻合，证明我们适合从事这些领域的经营。

任何一个社会性的组织，首先是由人构成的。不同的人，有不同的知识结构、不同的性格特点和不同的为人处事风格。由于知识结构的不同，其所从事的行业类型就可能产生差异。性格特征的不同，往往决定人们会以不同的风格做事。例如，科瑞在赚取第一桶金之后，我们曾经很希望继续把钱投入到金融领域。但是，我们当时看得非常清楚，金融领域的投资永远不可能成为科瑞的主业。即使从国内市场环境特点的角度来做一个最理性的分析，结论也是不可能的。科瑞成立11年来的发展历史证明，至少到目前为止，金融领域的投资仍然不可能成为民营企业的主营业务方向，只能是作为一种辅助的手段。

我们国内的资本市场仍然不够发达，甚至可以说是很不发达。社会财富的主要分配形式，也就是资金分配形式的主渠道，仍然是银行。当然，与11年前相比较，现在的许多条件都要好得多，资金分配基本都由银行来进行。科瑞原先在金融领域中的投资，只是为后来的产业投资做一种准备，或者说只不过是一种手段。1993年，科瑞成立不久，资金实力还很弱小，可还是拿出了300万元人民币投资电气开关行业，在江西设立了电气开关制造厂。作为一种试验性的投资，我们由此而进入到了电气开关制造行业，开始研究这个行业，探索这个行业运行的一些特点，市场分布的情况，以及未来的发展前景。

由于我们已经进入了这个行业，所以与局外人的目光，或者说是纯学院式的研究角度，当然是不一样的，这有利于我们与平高电气的前身——平顶山天鹰集团建立起一种持之以恒的合作关系。天鹰集团是国内三大高压开关制造企业之一，也是这个行业当中的佼佼者。但由于受到国有企业本身条件的一些约束和限制，改造的难度很大，需要借助于民营企业的力量来帮助自己推进改革，才有可能在未来激烈的市场竞争当中解脱包袱，抢占先机。因此，我们和天鹰集团之间就平高电气的筹建进行了长时间的、非常富于建设性的谈判，并建立了非常深厚的友谊，可以说是天作之合，这种组合对两家企业后来的发展都起到了十分重要的推动作用。

我们最初进入苹果汁行业是在1995年。当初也是一种探索性质的投入，发现了这个行业的优势和生命力所在。国内的苹果汁行业成长于20世纪的80年代末到90年代初，是一个新型的资源性行业，同时又能解决中国的农产品剩余和相当一部分农民的脱贫致富问题。正如大家知道的那样，我们的政府始终都在关心解决“三农”问题。苹果汁行业的兴起，不但适应了市场的需求，同时也和广大农民的脱贫致富问题紧密关联。由于是创汇农业，发展前景不可限量，无论从哪个层面来看，都具有广阔的发展前景。尽管当时我们的资金也不宽裕，但还是拿出了400万元投入了这个行业。当然，这最初一次的投入同样具有探索的性质，绝非我们的终极目标。我们知道，想要把这个行业真正整合好，需要经历一个十分艰苦的过程。

中国的企业刚刚从计划经济体制当中脱胎出来，在产业分布的合理性上存在许多问题。因此，我们在最初进入苹果汁行业的时候，这个行业普遍的投资管理都是比较无序的，没有什么章法可言，但这同时也就意味着存在机会。我们进入到这个行业之中，不光是投入了资金，同时也投入了我们的经营和管理理念。

为什么中国的苹果汁产品会导致美国的反倾销？从这个问题上来看，我们国内的企业是负有一定责任的。其中很重要的一条，就在于我们这个行业当中的一些企业不计成本，压低销价，在国际市场上互相“打架”，导致了恶性竞争，才最终遭到别人对我们的反倾销。所以，表面看来，这件事情是美国人针对我们的产品反倾销，实质上是我们一些企业自己的恶性竞争产生的后果。因此，在这个行业当中进行整合，不但是市场要求，也是行业本身发展的迫切需要。

一个行业出现整合的可能性，本身就是商机。通过1995年进入苹果汁行业，到2003年安德利在香港成功上市，我们科瑞花了这么长时间去做准备，并经过很长一段时期的艰苦努力，才最终实现了这样一个让人比较满意的结果。所以说，一个人的成功，以及一个企业的成功，永远都不可能是某种偶然因素造成的，其中一定存在许多必然的东西，在起着关键性的作用。

任何成功都不可能从天而降，必然要经过许多的坎坷波折，经过许多成与败的转换和人生磨砺。所以，要相信自己，相信自己已经做好了准备，同时要耐得住寂寞，有长期艰苦奋斗的理念支撑。科瑞成立 11 年来所走过的道路，如果说有某些成功之处的话，都是得益于我们的知识结构和相对成熟的投资理念，得益于一种对公司未来发展目标的深层次思考和正确市场把握。如果说我们科瑞与别的企业有什么不同的话，那就在于我们不是玩企业，而是在踏踏实实地做企业，不是把一个企业拿过来——例如从二级市场上买过来，然后一倒手就算完了，这对企业本身的成长没有任何好处。我们科瑞所做的企业，都是实实在在地进行投入，帮助企业在管理理念等各个方面进行全面的改革和改造，在对新的经营和管理模式的建立上，在对行业的整合上，在资金与市场的组织配合等等方面，我们都投入了大量的精力，一定要使我们投资的企业在真正意义上变成一个很强大的企业，然后再将其带入资本市场。所谓带入资本市场是什么意思呢？就是要为它引进更多的股东，对它进行更好的监督，以促使它更好地去发展，而绝不是把别人带进来了，我们自己就溜了，就不管了——绝不是这个意思。只要是我们科瑞做的企业，我们一定会做得很踏实，一定会下真功夫。成功总是偏爱有准备的头脑，绝非偶然。

编辑部：确实如此。任何成功，都与成功者本身的知识结构和思想境界相关。很多科瑞人都知道，您高中毕业以后，一直是受党的教育而成长起来的。中学毕业后下乡，大学毕业之后分配在外贸企业工作，然后被公派到外资银行，其后还进入了中国农业银行总行，多次出国，接触了当时比较先进的金融理念，一直在接受比较严格的培训和熏陶，从而形成了一种稳健的管理理念。那么，这种熏陶是否也是一种阅历？对您在领导科瑞的发展当中是否会产生某种潜移默化的影响？

任晓剑：任何一位真正的企业家，首先必须是战略家，同时还必须是很好的操作者、运作者。

所谓战略家，就是具有很好的战略眼光，总能以战略家的智慧来分析和解决现实问题，并有能力做出正确的战略决策。当一位企业家并不具备很好的战略眼光和智慧的时候，即使他能够对这个企业的发展鞠躬尽瘁，也难免在取得一定的成绩之后沾沾自喜，看不到未来，从而使得这个企业的发展总是出现这样或那样的问题，企业也就很难真正做大做强。

说实在话，当年下海的时候，我们并没有更多的东西，只不过读过几本书，有过在国有企业进行管理的一些体会，受到过计划经济体制下的企业文化熏陶。千万别小看这些熏陶，也不能带有色眼镜去看待我们的国有企业，这些熏陶在企业实践当中是很有一些可用之处的。总结起来，我看至少有这么几点：第一，培养了一种服从纪律的精神；第二，培养了一种办事的责任心；第三，在当时的体制之内，大家都一股劲地想进步，有上进心，从而培养出一种不服输的精神。因此，如果能够冷静客观地来看待那样的一段经历，确实对我个人的修养大有裨益，也为后来运作企业打下了一定的基础。

我自己也会经常回忆起原来在体制内的一些经历。任何一种体制，总有其优势所在。如果我们能真正把国有企业的一些好东西结合到民营企业的运作当中来，民营企业的发展可能就会进行得更好。就包括人们对计划经济怎么认识的问题在内，也应该客观地进行分析。从计划经济制定者的角度来看，他们的主观愿望也应该是好的，其初衷是希望社会能够更加有序，市场经济理论则依靠“无形的手”来进行调节，是在社会资源被破坏性浪费之后，去达到一种平衡。如果“无形的手”再加上适当的计划，社会遭受的震动就会更少一些，浪费的可能性也更小一点，从而实现一种更高层次上的平衡。绝对的计划肯定是不行的，绝对依赖于“无形的手”也不行，理想的状态应该是这两者的结合。所以，任何一个人的生活和工作经历，都是会有益处的，关键在于怎样看待和认识你的经历，如何从过去的经历当中吸取到有益的东西。

编辑部：我们看到，企业发展的道路总是与创始人的知识结构相关联。尤其是改革开放以来，中国民营企业的成败得失，潮起潮落，大浪淘沙，无论是做大做小，甚至做不起来，中途夭折，数不胜数。真正能够成功的，仍然不在多数。如果从这个角度来分析，您认为民营企业家自身的阅历、经历和知识结构等等，与企业本身的生存发展是否存在着某种关系？民营企业家们的发展究竟存在哪些局限性？他们应该如何克服这些局限？

任晓剑：社会各界人士提到民营企业出现的一些问题，多数人的本意还是在关心我们民营企业，希望民营企业能够健康成长。当然，从以往发展的历史来看，我们民营企业的队伍在整体上仍然参差不齐，有些人甚至是抱着“骗一把就走人”的想法，是相当不理性的。还有相当一部分的民营企业处在“长不大”的状态。尤其是在成长初期，一部分民营企业扼制不住自身的一些狭隘愿望，短视行为并不少见，即使操作时间稍微长一点，可一旦取得大一点的成功之后，一些弱点就开始暴露出来了。这也是跟企业主个人的成长经历，以及道德水准、文化修养、思想境界等等相关。其实，这跟他们做的企业是不是民营性质关系不大。如果把这种人放到其他体制类型的单位里面，同样会犯这样或者那样的错误，那是深藏在他们内心的弱点，只要得到张扬的机会，就会表现出来。

当然，我们多数的民营企业都是在扎扎实实做自己的事情，能够忍辱负重，不怕任何艰辛。虽然我们做的是民营企业，但凡事同样要出于公心。这个所谓的“公心”，主要表现在踏踏实实带领企业向前发展。民营企业要发展好，同样不是哪一个人的事情，而是要带动起一支就业队伍，要创造社会财富。无论是通过扩大就业的形式，或者是上交税收的形式，都是在创造效益。如果一个国家的企业都强大起来了，这个国家必然是富裕的。我们党的最高宗旨，说到底仍然是为了让老百姓的生活好起来，这是根本利益所在。在这个目标上，民营和国有企业是完全一致的。

企业家的基本素质要求也许有很多条，但有一条经常被人忽视，就是能不能耐得住寂寞，能不能克服或抑制自身原发性的私欲膨胀。想要实现真正意义上的成功，民营企业家必须抑制住自身的私欲。因为你是企业家，是民营企业家，所以就具备了一定的条件和相当的自由度，在企业运作当中获取不该要的东西。在这种情况下，如果没有一种严格的内部监督机制，甚至出现某种监督机制缺失，发生道德风险的几率就相当高。所以，作为一名企业家，能否做到既有知识水准，又有道德水准，同时还有很强的自制力，是很不容易的。当你疲惫不堪的时候，当你付出太多的时候，你会问自己："这样做到底是为了什么？"你或许会提出："到底是老板在为员工打工，还是员工在为老板打工？"现在已经有很多人在讨论这个问题，包括我们科瑞在内。谁在为谁打工？至少在某种程度上，我们作为企业股东之一，现在还处在经营层的岗位之上，仍然是在为我们的企业打工，同时也是在为社会打工，这也是必须要有的一种理念。如果仅仅为了贪图我们个人的享乐，或者是仅仅为了满足我们生活所需的财富，在 1993 年的时候我们就已经做到了。当年我们下海初期获得的经济收入，相当于在国有体制之内干一辈子的工资收入，甚至可能都不止那么多。所以，这其中还是存在个人素质的问题，以及个体在公司整体运作的过程当中如何不断提高和完善自我的问题。与此相联系的是，企业的成长和发展，同样与企业家的修养、理念、抱负以及性格紧密相关。只有把公司做大、把事业做强的时候，我们才能成为真正的受益人，而并不是看你银行的账上有多少钱。到未来的某个日子，我们也退居二线了，回过头来看一看自己走过的路，曾经带过多少队伍，我们的企业曾经发出过多少工资，为社会交了多少税金，创造了多少财富，这才真正体现出我们的人生价值。

作为民营企业家，我们必须修炼的东西也许很多，但最基本的，是要做到鞠躬尽瘁，问心无愧。

个人的财富多少，离不开企业。我们的企业富不富，那才是重要的。

编辑部：柳传志要求他的高级干部献身于联想，要求中层干部有进取心，要求基层员工要敬业，这些要求的特点是区别对待，在总体上似乎讲究一种层次性。从科瑞的角度，您怎么看待我们的队伍建设？

任晓剑：除了层次之外，还有一些共性的东西也是需要考虑的。

无论是一名职业经理，还是一般的职员，共性之处是大家都要在这个社会上求生存，然后是要体现出自己的人生价值。求生存和体现价值，都要做事。做事先做人，做人首先要有道德，要讲信用，要懂得职业精神。无论是在一个什么样的岗位上工作，无论是总经理还是普通员工，你既然选择了我们科瑞，科瑞也选择了你，把一个岗位交给了你，并为你在这个岗位上的工作支付了相应的薪酬，你就必须对这个岗位负责。

我们可以作一个最简单的比喻，假设有一位会计，工作能力不错，业务水平很高。可是如果他监守自盗，无论金额是大是小，哪怕只有一元钱，也说明他在职业道德上存在问题。谁还敢信任这样的会计，把公司的账号和资金都交到这样的会计手上管理？哪怕真的只有一元钱，也是十分严重的问题。因此，职业道德是不讲层次性的，那是每个层次上的职员都必须严守的底线，这就是一个共性的要求。

其次是责任心。一个有责任心的人，会把自己承担的每件工作都做得尽善尽美，而且会很乐意去做，并从中找到快乐、找到乐趣。我想，对自己工作的责任心，也是没有层次的，也是每个层次上的职员都必须严守的底线，也是一个共性的要求。这种话往往说起来简单，但要让每个人都做到，并不容易。记得在德国的银行工作期间，我发现德国人工作起来特别有激情，简直是陶醉在工作之中，把工作和自己的生命连接在一起。我想，这可能是和其民族文化的熏陶有关系，但也有可能是竞争的结果。如果我们的职员都能够达到这样的境界，我们共同事业的发展将更加美好。

当然，我们是在做企业，除了共性之外，我们不应该也不可能抹杀人的个性。从更高的层面上来看，人的个性是很宝贵的一件东西，尤其是我们的高层管理人员，在做到共性要求的基础上，起码要有自己独立的人格，遇事要讲真话。如果我们高层管理人员在每个问题上的考虑都是一致的，那是一种悲哀，这样的团队也是没有任何价值的。这一点的重要性还在于，我们在进行一些重大决策的时候，必须从多个层面和不同的角度观察，也只有不同层面和角度上发表的观点，才有讨论的价值。

编辑部：你担任执行总裁已经十个月了。这十个月来，你为科瑞今后的业务发展确立了哪些方面的要求？

任晓剑：科瑞的第一个10年更多的是在探索，是在投石问路，是在求一种生存之道，也是在市场经济的环境当中寻找和建立自己的根据地。当我们积累了一定的经济基础，在经营和管理企业方面都掌握了一定的规律，有了自己的一支队伍以后，就必须谋求下一步更深层次的发展，追求更远大一些的目标了。

目前，很多民营企业的发展都面临着一些问题，科瑞人也在深入思考这些问题。尤其是对于民营企业的主要管理者来说，他们怎样才能约束好自己，管理好自己的企业？企业家也是人，也会有很多的欲望，包括投资的欲望、发展的欲望、利益最大化的欲望等等在内。这些欲望始终潜藏在他们的思想深处，遇到自认为合适的时机，就可能随时引发出来，演变成某种非理性的行为，并有可能对企业造成伤害。因此，当企业的监督机制并不健全的时候，怎样才能做到防微杜渐，既保护好企业家们的创造热情，又保护好企业本身的利益不受伤害，关键还在于形成一种行之有效的管理模式，或者说是搭建一个更加科学的治理结构。

当然，处于不同行业当中的不同企业，又是由不同的人群所组成，他们有各自不同的性格特点或价值取向，因此，任何一种管理模式和治理结构，都不可能完全适合所有的企业。所以，自担任科瑞执行总裁职务以来，我深知自己肩负的责任重大，并一再强调：科瑞发展到今天，抓管理已经变成了一件大事，抓治理结构建设的步伐更要继续加快。

科瑞在治理结构的建设上，还有很长的路要走。所谓的治理结构，首先应该代表各方面的利益要求，同时在各机构之间形成一种相互监督的协同关系，结构当中的每个层面都有独立的功能，大家都按照事先约定的规范来行使自身的职责，从而使公司的运作避免出现大的失策。在这方面最核心的内容就是对经理人行为的规范，同时这种规范也是靠制度来实现的，而一定不是用人盯人的方式。科瑞如果发展到完完全全靠制度来实现管理的时候，我们企业的发展就会实现一个新的跳跃，这要比我们做成某一个项目的意义来得更重要、更深远。

但是，如何把我们调整到完全自觉地依靠制度来运作企业的这样一种状态，那真是谈何容易的一件事情。不经过无数的经验教训，往往不会引起人们足够的重视。现代企业制度毕竟是在西方社会成熟的市场经济当中产生出来的，不是哪一个人坐在办公室里想出来的，经过了很多的案例总结和研究。我们每一个科瑞人都要懂得制度和规范的重要性。否则的话，没有这样一个基础条件为前提，就是制定出一百条管理办法，也可以随随便便跨过去，甚至冲过去。只要治理结构的问题还没有从根本上解决，当有人犯规，应该接受处理的时候，就会出现人治大于法治的空隙，那个空隙往往正好可以让犯规者轻易地钻过去，以寻求保护，这是非常有可能发生的事情。因此，治理结构是基础，管理手段只是通过建立在这个基础之上的一些规范性的条文来实现的。

我们的近期目标，是要建立起真正意义上的法人治理结构，同时在这个基础上加强我们的制度管理。因为只有靠制度取胜的企业，才是最有可能长久发展的企业。但是，我们不能期望一蹴而就，更不能空喊口号。尤其要认识到的一点是：任何企业的发展，总有其自身的一种惯性，包括个人的行为方式在内，很大程度上也是依靠惯性推动的。我们不能在某一个早晨起床，就要求每个人都改头换面，重新做人，彻底放弃自己原有的习性。我们所希望的，是平稳、有序地推进，是在不付出很大代价的前提之下，推动一种渐进式的改变，这是最有可能做到的，也是我们的最佳选择。只要有 60%成功了，40%不成功，没有关系，我们允许这 40%继续存在，第二年我们可能调整到 70%对 30%，第三年再推进到 80%对 20%，不但让我们的企业，也使我们的每一位员工都有个逐渐认识、逐渐适应的过程。按照这种方式建立起来的规范，不但成功的可能性最大，对企业造成的伤害最小，而且最有可能长期坚持下去。

从根本上看，我们是在把大家的思想都统一起来。既然涉及到思想观念的转换，就不可能是一件很容易就实现的事情。只要大家都认定了这样一个目标，只要大家都愿意朝着这个目标向前走，我们的企业就有希望。要拿出我们科瑞成立 11 年来做项目的那种劲头，当我们投资第一家企业的时候，我们看到了平高的上市，投资第二家企业的时候，我们看到了安德利在香港的上市。同样，我们现在要推进的规范化管理，其目的也是为了面向未来，为了建设我们科瑞更加美好的未来！对这一点，我们充满信心！

你经常回忆吗？

EQ测试中有一道大家熟悉的题目，专门测试人的精神状态：你经常回忆吗？

或许因为忙碌，或还未到人生的收获季节，我很少回头细看自己的人生足迹。唯一的例外，是难忘1992年。

1992年夏天，科瑞刚创建。那情形像一出现代京剧里唱的："总共才有十几个人，七八条枪"，谈不上什么规范化，也没有多少制度。可就在这十几个人里面，却有一名专职会计，还有一名出纳。

转眼间，科瑞走近了8周岁的生日。奋斗初期经历的全部艰辛与欢乐，似乎都成了过眼烟云。我们初步具备了一定的发展规模，也形成了分布全国的财务人员队伍。可我们的财务规范化是不是做得更好了？财务制度建设进步了没有？进步了多少？

把科瑞办成百年老字号的目标，恐怕要经过几代人的努力才能实现。从这个意义上看，我们目前仍处在创业的阶段。为此，继续搞好财务工作的规范化和制度化建设，是基础性的关键工作。

我想，建设一个具有科瑞自身特色的财务管理体系，主要包括三个方面的内容。

一是真正带出一支我们自己的人才队伍。

人的因素永远是第一位的因素，在财务工作中尤其如此。一方面财务活动本身就是人的活动，财务账簿是人在企业中的经济行为的数字化记录和再现；另一方面财务管理是由人来实现的，什么样的财务人员，具备了什么样的素质和能力，本身就决定了财务活动水平的高下。科瑞拥有控股企业，同时拥有参股和合伙性质的企业。在这些企业或分支机构中，今后都可能要派出科瑞的财务人员参与经营管理。因此，科瑞财务人员必须记住三点：一是业务精通。不仅财务知识运用非常熟练，财务本身的专业技能和实际操作必须达标，而且要懂得相当程度的税务知识。在市场经济条件下，企业的财务和税务是分不开的，不懂税务者一定不是合格的财务人员。二是品德优秀。这种优秀不是非得像雷锋那样天天做好人好事，而是真正做到忠于职守，时刻维护企业的最高利益。科瑞财务人员今后可能被派到上市公司去，派到合资企业去，甚至派到国外工作。无论到哪里，品德优秀的财务人员永远要牢记企业赋予的职责。三是知识更新。现在已经是电脑科技时代，是信息爆炸的时代，不具备及时更新知识的能力，也无法很好地完成财务工作。

二是建立一套具有科瑞特色的财务制度。

制度建设是“说起来容易做起来难”。每家企业都有制度，可执行起来真正坚持的有多少？制度建设首先是切合企业实际，写进制度却做不到的制度不叫制度。其次是执行要坚决。没有制度时，问题可以商量，有制度一定按制度办，不讲任何条件。财务人员的公正客观态度，是制度执行的真正保证。只有企图突破财务制度的人总会在财务人员的工作界面上被挡住，我们的财务制度才有意义，才可能完善和成熟，逐步形成我们的特色和体系。

三是形成完善的财务运行机制。

所谓运行机制，其实就是在企业日常经营管理的各个层面上和各个岗位上，都建立起相互协调的工作职责。当这些职责都在被有效执行的时候，机制也就形成了。企业任何一种财务决策的出台，都在通过各个层面和各个工作点进行运作，这种点与面的有效结合，是靠各个部门和工作人员的工作职责来实现，保证着企业整体财务运作的正常展开。

很多人都说财务人员聪明、有天分、IQ 高，但又固执、不灵活、EQ 低。这其实真是一种误解。那些忠于职守、热爱事业、勤奋好学的财务人员，EQ 一定不比你弱。

不信，我们来测一测：你经常回忆吗？

以资本纽带联接，走合作发展道路

自 1875 年第一台火力发电机组建于巴黎火车站，用于城市夜间的照明供电以来，人类摆脱黑暗、追求光明的努力，进入了一个全新的阶段。经过近 130 年的努力，全球各国的电力工业，从电力生产、建设规模、能源结构到电源和电网的技术，都发生了翻天覆地的巨大变化。尤其是进入到 20 世纪 90 年代后期，电力工业的发展逐渐出现三个显著的动向：全球发电量年增长率趋缓，亚洲国家却仍维持较高的电力需求增长速度；电力技术的发展向效率、环保的更高目标迈进；电力管理体制和经营方式发生变革，由垄断经营逐步转向市场开放。

中国电力行业的高速发展，得益于改革开放的政策支持。科瑞集团之所以能够进入到电气开关行业当中来，一方面是希望能为国家电力行业的发展做出一些努力，另一方面也是考虑到了这个市场本身所具有的非常广阔的发展前景。

科瑞进入电气开关领域以后，尤其是经过前些年来的积极探索与实践，从中压开始做起，与天鹰集团携手合作之后，又在高压方面做了许多工作，才更加深刻地感受到了这个行业的未来是大有希望的，蕴含着非常多的发展机会。从宏观环境因素来看：第一，中国电力行业的现状和未来的发展趋势，为企业间的资源整合提供了非常好的机遇。第二，改革开放继续深化，包括目前国有资本的退出和民营资本的综合性进入，民营企业将在电气开关行业获得大展拳脚的好机会。尤其是高压开关行业，再也不是以往那种国有企业一统江山的局面。随着民营资本的进入，这个行业也展示出了更加蓬勃的生机和活力。当然，无论是在钢铁行业、汽车行业，甚至包括原先一直由国家垄断的公共事业领域，只要有民营资本的成分进入，旧的垄断就会打破，新的局面就会出现。改革开放20多年来的发展历史充分证明，由民营资本进入和参与的混合型经济，已经在中国的各个行业中发挥出积极作用。当然，电气开关行业的发展，包括国有企业、民营企业，甚至包括外资企业在内，都有其无可替代的作用。科瑞集团作为一家民营企业，也希望能为这个行业的美好未来做出自己应有的一份贡献。

我们国家以往的工业化进程，主要是建立在计划经济的基础之上。资源的配置方式，企业的投资范围，不同行业在地域上的不同设计与划分，都存在许多不甚合理之处。在市场化竞争愈加激烈的今天，我们国家的电气开关行业要想更具活力，就必须对资源进行更加合理的配置，并对整个行业进行整合。众所周知，像ABB、西门子等许多国外大型、超大型的电气开关制造公司，都早已进入到了中国内地的电气开关市场，并通过不同的途径、采用不同的方式，与中国的国有企业进行嫁接。然而，大量实际情况表明，国有企业体制自身所固有的一些缺陷在没有得到真正彻底的改革之前，绝不是一种有效率的体制，与国外成熟的市场经济铸炼起来的企业相比，很多方面不够成熟。因此，这种嫁接只是一种硬性嫁接。所以，我们的国有企业在对接国外资本的时候，整体表现是非常被动的，接受的合作条件都非常苛刻。由于整个行业的整合并没有做好，很多资源在宏观层面上都没有得到有效的配置。在这种情况下，由于国内单个企业与国外资本的对接，其成本是很高的。所以，我们的电气开关制造行业——当然也包括其他的一些行业，现在的效益并不是特别好，与国外企业对接的情况也并不乐观。因此，我们急需依靠资本的纽带，先把自身的行业资源整合好，形成一个有效益的组织体，再来考虑与国外资本的对接，从而更加顺利地走向国际市场。包括科瑞集团在内，我们经常会开展一些有关行业资源整合问题的讨论，研究日益成长中的中国的民营资本，如何来协助和参与现有电气开关设备行业的资源配置，包括人力、物力、资源和管理，以及制度与产品的创新等等方面。无论是我们的国有企业还是民营企业，都有必要重视这个问题。改革开放的继续深入，国有成份的逐步退出与国有企业机制的转换，为开关行业的未来发展，提供了又一次新的发展机遇。在这样一个成熟的有利条件下，我们的企业完全不必急于和国外大公司对接。在不对等的条件下对接，我们的国企不可避免要付出高昂的成本和代价。既然我们已经有条件进行一次行业自身的内部整合，在一个不太长的时期，就能提升企业的整体价值，何乐而不为呢？凭借我们在开关行业多年来的成功经验和一定实力，科瑞集团非常愿意参与到这样一个资源整合的行动当中来，与国内开关行业的主体企业和有影响的大型企业，在努力实现双赢或者多赢的前提下，开展合作，共谋发展。

从目前的发展形势来看，2003 年中国经济的增长速度非常快，上半年的 GDP 已经达到了 9%的增长率，有专家和国外权威机构认为，中国全年 GDP 的增长有可能达到或超过 10%。众所周知，拉动一个国家的经济，主要靠三个方面：一是自身消费的拉动。那么，我们目前的消费拉动主要应该依靠什么呢？这种拉动再也不是过去那种低层次、低水平的拉动，而是在一种更高水平和更高层次上的产品拉动，例如汽车、房地产、通讯和旅游产品的消费等等。只要回想一下就可以知道，在 10 年、20 年之前，对于个人消费来说，那都不过是一些奢侈的想象而已。然而，2003 年的上半年，中国汽车、房地产的销量，分别比去年增长了 50%和

30%，这对整体经济的增长拉动非常强劲！这说明一个什么问题呢？中国经济在高速发展的过程当中，包括消费者个人在内，社会对产品的需求，不再仅仅要求数量的增加，而是更多体现为质量的追求。无论个体经营者，还是综合性的大型企业，无论个人或家庭消费，还是政府机关或各种社会组织的集团采购，对商品的要求，都更多地开始侧重到质量的层面。由这一点来看电气开关行业，也许我们再也不可能简单地按照过去10年前，甚至20年前的产品水平来要求自己了，在质量和技术上，消费者都已经提出了更高层面的要求。我们如何才能做到既有量上的增长，又有质上的提升呢？这就要求有一个更好的机制，来应对市场经济发展提出的新要求。

有鉴于此，科瑞集团非常愿意和国内电气开关制造企业携手合作，共同制定出适合于我们自己未来发展的一套行之有效的整合模式。在产业投资领域，经过多年的发展之后，我们有了一些比较成功的案例。比如在果汁品领域，我们很早就进入了浓缩苹果汁行业。那还是在20世纪90年代的前期，党中央号召广大农民因地制宜，退耕还林，发展自己的经济。于是，西北和华东地区的农民种植了大量的苹果树。但是，政府的号召并非市场行为，苹果树长大并开始结果以后，如何把苹果销出去，这个问题最终还是要靠农民自己来解决。于是，农民大量种植苹果树，可市场容量有限，农民的苹果卖不出去。逼到最后没有办法，有些农民就开始砍树。苹果大量滞销对农民来说是个悲剧，但在那些有眼光的企业家看来，其中包含的却是可贵的资源和机遇。正是在这种情况下，我们开始引进国外的先进设备，把农民卖不出去的苹果加工成苹果汁，出口到美国、欧洲等发达国家，为国家换回了大量外汇，更有力地解决了农民卖果难的问题，帮助贫困地区的农民脱贫致富。但是，也就是在这样一种新的机遇出现之后，许多出产苹果的地区，都开始想方设法要投资果汁生产线，结果，在很短时间内，这个行业当中一下涌现出了几十家、上百家的苹果汁生产企业，然后在国际市场上打价格战，闹得一塌糊涂。然而，在国际市场上的价格战并不是随便就可以打的。我们的苹果汁价格一路低下来，美国就开始对中国出口的苹果汁实行反倾销。这其中说明的一个问题，就是投资的非理性。在市场的诱惑之下，各个层面的决策者只看到眼前的一点点利益，就仓促上马投资，结果形成的都是一个个规模很小的企业。

也正是在这个时候，科瑞集团果断地切入到了苹果汁加工行业，但不是自己去重复投资、重复建厂，而是与这个行业当中相对有竞争优势的一些企业联合起来，共同合作，对行业资源进行整合，以壮大我们行业内的企业规模和整体实力，同时也使过去那种无序的竞争得到了一定程度的遏制。由此反思，在我们的电气开关行业当中，是不是也有无序甚至恶性竞争的情况发生呢？

据有关方面统计，目前国内的开关企业有2000多家，而这个行业的全部年产值才200亿元到300亿元左右。也就是这么大的产值，却有2000多家企业在其中参与竞争，可想而知，这是一种多么激烈的竞争，对社会资源又是多么大的浪费！也正因为如此，处在这个行业当中的企业运作都非常困难，其生存也都很艰辛，同时还不可避免地要导致今后仍然处在低水平的、重复性的竞争当中。我们很多企业家们都在感慨：没有更多的钱用来做科研，也拿不出资金投入到技术创新当中去，所以也只能低水平的运作。要不就得付出非常高昂的代价，去嫁接某项外国的产品，或者出高价购买国外的技术，然后重新开发产品，这都不应该成为我们企业的长远发展战略。

科瑞集团是一家综合性投资的民营企业，通过多年来的企业运作实践，获得了比较丰富的投资经验。我们希望与国内的电气开关企业携手共进，以合作求生存，以合作求发展，共同把电气开关行业做好、做活、做大、做强，探索出一种更加有效率的发展模式。任何行业的进步，都要有技术、有人才，但更要有资本、有实力。资本是一个纽带，可以把人才、技术及物质财富有效衔接起来，从而形成一种高效率的运作整体。如何着眼于资本运作的角度，来看待中国电气开关行业未来发展的模式和技术进步的前景，如何着眼于全球一体化市场的资本和技术竞争，来获得中国开关制造企业的美好明天，是所有电气开关企业的领导者们都应该深思的重要课题！

依靠科学管理将科瑞带向新的十年 *

从 1992 年成立到 2002 年，科瑞集团用坚实的步伐走过了第一个 10 年历程。正如跃文董事长做的深刻总结：10 年奋斗、10 年风雨，科瑞人创造了令人瞩目的成绩，也经历了很多坎坷。10 年历史已经过去了，但是历史的经验值得注意，我们的创业精神不能丢。

2002 年对科瑞来说是一个发展年，在董事会的领导下我们在企业经营上取得了可喜的成绩。2003 年是科瑞第二个 10 年的第一年，是科瑞新创业的开始，科瑞的目标是跃文同志提出的要办成百年老店，今年是非常关键的一年，可以说关系重大，责任也重大。

今年是我们主营业务长足发展的一年，我们的果汁厂将要在香港上市。今年我们的管理面临重大考验，我们与国内外成功大公司在管理上的差距非常大，我们的敬业精神、人员素质与人家差的很远，前几天我到香港参加路演，看到人家公司的管理、员工的精神面貌都比我们强。所以今年除了业务上的发展，我们还要在管理上提高。要完成今年的经营任务，我们的担子很重。

今年公司增加了新生力量，大家来到公司对公司的基本治理

---

* 本文撰写于 2003 年。

结构可能还不太清楚，下面我谈一谈我对集团公司治理结构的一点认识和感想，与大家共同提高。

科学的治理结构是我们公司成功的基本保障，治理结构是管理大纲，纲举才能目张。治理结构不清楚、不科学，决策程序就会出问题，管理就会失控。10年来科瑞集团的治理结构不断摸索、不断进步，到今天已经基本上形成了一套行之有效的东西，但是还要在经营实践中不断完善、不断调整。目前我们公司治理结构的主要特点是：

(1) 董事会是科瑞集团公司的最高权力和决策机构，代表着全体股东的利益。我们科瑞集团的董事会聚集了一批具有丰富经验的管理专家，德高望重，是公司的掌舵人，也是我们成功的保障，是科瑞集团最宝贵的财富。在新的一年里我们要充分发挥董事会的决策优势，从根本上规避和减少经营决策风险。历史的经验告诉我们，充分发挥好董事会的作用，我们的事业就不会走大的弯路。

(2) 监事会负有对经营管理进行监督的重要使命。今年，监事会作为集团治理结构中的重要杠杆和组成部分，要发挥作用。公司的业务在不断扩大，新的管理模式正在确立，新的制度也在建立，那么监事会就面临着更多的监督任务。我们要支持监事会的工作，发挥监事会的作用，减少我们工作中的失误和风险。

(3) 成立由董事会领导的专业决策委员会是科瑞集团治理结构的重要组成部分之一。去年我们成立了投资决策委员会，资产管理委员会和人才战略管理委员会，实践证明，在经营管理中发挥了重要作用。今年，专业决策委员会应该充分发挥自身的优势，提高决策建议水平，把我们的经营风险控制到最低点。各专业决策委员会也要补充知识，利用外脑力量，吸纳社会人才加入。投资决策委员会要把投资风险真正管起来，要实现投资决策的程序化、民主化、科学化。在加拿大多伦多一家华人银行，我看见这样一句话："投资容易，挣钱难。"解决好这个问题，必须在治理结构上、决策程序上实行严格的管理，从根本上杜绝投资风险。

(4) 经营班子是以执行总裁为首的经营管理团队，是董事会决议的执行者，是集团公司日常经营活动的管理者，经营班子在董事会和董事长的授权下，对公司的经营活动、公司财产的增值保值负有完全责任。

(5) 实行行政总经理制是科瑞集团治理结构的新变化。行政总经理制是跃文董事长在总结了许多大企业的成功经验，结合科瑞特色而提出的新的经营管理模式，应该说这是民营企业在做到一定规模后的一种现代企业管理结构的创新。

董事会代表着全体股东的利益形成决策，专业委员会协助董事会对专业项目进行决策把关，监事会对董事会战略决策的执行，对经营班子执行董事会决议情况进行督察，经营班子负责公司正常运行，实施经营管理，正所谓各司其职，各负其责。这样我们的管理从根本上就应该理顺了。

下面我对今年的经营管理工作讲几点意见。

一、认真推行行政总经理制度

为了充分利用集团在管理上和资源上的优势，保证集团公司与下属公司在经营管理模式上保持一致性，更大程度地抵御经营风险，为企业提供更加直接的具体服务，而提出行政总经理制度。科瑞集团经过10年的发展，建立了一支有事业心、有经验、忠诚于企业的骨干队伍，是行政总经理的来源。同时，要发现和培养更多的懂经营、懂管理的专业人才，作为行政总经理的后备力量。行政总经理制度是投资型公司非常重要的管理模式，其实施有助于加强投资管理，其制度是建立在总经理负责制基础上的，其主要职责是协助总经理工作，控制风险。今年各相关企业要认真推行行政总经理制度，同时要摸索出经验，不断完善其功能和职责。行政总经理的主要职责是：协助总经理负责分管协调计划、人事、财务、行政工作；协助总经理认真制定年度经营管理工作计划并按时上报；协助总经理认真贯彻公司的经营管理工作计划，严格执行公司各项规章制度，及时上报各种报表和重大事项。

二、人才战略是根本保证

跃文同志讲过，科瑞集团要保持旺盛的活力就要不断的创新，我们的经营要创新，制度要创新，管理也要创新，而所有的创新都是依靠一大批志同道合的管理人才实现的。科瑞提倡以人为本，科瑞10年来始终在引进和稳定人才队伍。对今后采取什么方式继续吸引人才，我谈几点意见：

（一）用科瑞事业发展的舞台和分配奖励机制，吸引各方面优秀的管理人才到科瑞发展

我们已经实行合理的年薪制，今年我们要开始期权改造，在有贡献的经理人当中开始实施。分配机制的改革是我们的长期政策，要坚持下去，奖励制度要实行多种方式，对在公司有贡献的员工，不是采取简单的物质奖励办法，同时可以考虑到海外进修、度假，用多种形式对优秀员工进行激励，满足他们精神和物质的需求。

（二）建立人才选拔制度，建立人才档案

要把选择优秀的经营者和员工，作为一项长期的战略发展目标，我们要建立人才储备梯队，这是科瑞集团可持续发展的重要保障。我们要关注人才的成长，大胆地把他们放到合适的地方、合适的位置去使用、锻炼。前不久我们为安德利陆续选派了一些骨干，事实证明他们经住了考验，为企业发展做出了贡献。经过十多年的努力，我们已经形成了以投资公司为主体，多种行业同时发展的实体群，从而为优秀管理人才提供了施展才华的机会。最近我们成功吸引了不少优秀的投资人才，他们正为果汁厂在香港上市发挥作用。

（三）建立人才竞争机制

要让真正的优秀人才脱颖而出，在他们的岗位上充分发挥作

用，就要进行各项严格考核。从今年开始，每一个部门的主要负责人要竞聘上岗，所有经营管理者都要竞争上岗，公司要对其能力进行全面评估考核，不但看现在，也要看以前做过什么，业绩如何，把住用人这一关。没有竞争哪来的压力，没有考核就谈不上管理，没有激励就没有动力，干部要竞争上岗，员工也要竞争上岗，所有岗位都要竞争，上岗了更要进行不断的考核，对项目管理都要进行各个阶段的考核，没有业绩的坚决下。不能设人情岗，不能设多余岗，不设可有可无之岗，真正做到人尽其才，才尽其用。

对人才的管理还要实行动态管理，人才流动，动才能不腐，才能有生机，才能成为全面型人才，才能调整好人才结构，人才才能稳定。今年，干部考核末位淘汰的制度也要实行，没有淘汰就不能吐故纳新，也就没有活力，也就谈不上生存意识。我们要达成共识，没有竞争，没有严格的考核也是留不住人才的。

（四）建立长期的人才培训计划

对人才的管理创新体现在对人才的大胆使用和精心培养。今年人力资源部已经制定完成人员培训计划。

我们首先要从培养道德水准开始，从培养业务能力入手，最终培养一支职业经理人队伍。我们的培训计划要从三点考虑：第一，培养对公司文化的认同感，形成统一的价值观念，公司的高层领导要现身说法，对员工进行系统的企业文化培训；第二，要为经营管理者提供中国一流大学、一流企业家和经济学家对接机会，进行学习和交流。科瑞的部门经理都要有接受一流学校教育的机会；第三，为适应科瑞公司长期发展目标，走向世界，需要一大批懂业务、懂法律、懂外语、懂计算机管理的优秀人才，每年要对公司优秀的管理者和业务人员进行选拔，让他们到国外名牌院校进行定向培养。

今年培训工作重点应是：中高层管理人员的知识更新、业务骨干专业知识技能、重要岗位后备人选的系统培养。

今年我们对经营管理人才不但要大胆使用，精心培养，严格考核，还要对他们进行职业生涯规划，为优秀的人才解决后顾之忧。这样，我们科瑞真正实现人才济济的日子就不远了。

三、财务管理要创新

科瑞是以实业投资为主体的集团公司，在财务管理上其难度和跨度，比做单一产业的企业要难得多、复杂得多，这就决定我们的财务管理要有创新，要有新的突破。

(1) 坚持财务委派制，对于我们作为主要投资、控股的公司都应该由集团直接派出财务经理，参与其日常管理。

(2) 财务管理必须由现在日常对资金费用的管理功能向对投资管理和项目成本控制功能转变。

对于投资管理应主要加强对项目前期投资风险的预控，要考虑具体的手段和方法。要充分利用各种信息技术和科技手段，来掌握企业运行的财务真实信息，要逐步实现财务数据，同步传输，要注意日常财务信息的反馈，通过财务管理为决策体系提供预警机制。对于没有财务风险预控分析的投资项目不能上，对于没有财务参与管理的投资项目也不能上。没有财务预控手段，没有资金风险控制，就会出问题，要在财务管理中建立严格的成本控制意识，建立投资回报意识。

(3) 充分学习了解国家的税务政策，提高政策水平，合法经营、诚信经营，要提高纳税意识和向社会的回报意识。

(4) 加强资金管理，帮助企业在资金链上不断开，防范财务漏洞，实现合理的、科学的调动资金，减少资金运行成本。

(5) 合理的控制企业的负债水平，降低财务成本。

(6) 要加强财务分析功能，为领导决策提供依据，首先要对投资项目进行全程追踪分析，对正常经营状况也要进行销售、利润、成本分析，对日常费用要严格控制。

(7) 加强财务人员的业务素质和思想素质教育，培养一支具有高度职业素质的财务队伍。同时，还要进行会计制度的创新，建立新的、适合我们企业性质和主营业务管理模式的财务管理制度。这是财务部今年的主要任务之一，要认真做好同时也希望财务部多看一看成功企业是怎样进行财务管理的，学一学人家好的经验。

四、加强计划管理

计划工作是所有一切经营管理活动的核心。以前我们没有把计划工作提高到这样高度来认识，没有认真重视计划工作，应该说我们是吃了亏的。我们的投资往往缺少严格的计划，我们的管理也缺乏计划，摸着石头过河。10 年了，我们在这方面值得总结记取的东西不少，今天应该引起大家的重视了。

计划管理是一切经营活动的先导，是先头部队，是经营活动的重要部分。以前我们一些部门不重视计划或有了计划不严格执行，甚至计划本身就缺少科学性，今年要从根本上改变这种状态，所有部门都要有工作计划，所有经营系统都要有盈利计划，都要有人员计划、费用计划，干多少事，用多少人没计划不行。经营者没有一套完整的销售、利润计划，没有投资回报计划，我们的股东怎么会感到安全呢？计划要有专人负责，计划从制定开始就要严格把关。加强对计划的管理要落到实处。没有计划的人不进，没有计划的资金不能用，一定要深入实际才能做出具有科学性、可操作性的好计划。

五、行政管理要发挥重要职能作用

一个企业行政管理的好坏，代表了企业整体形象。好的行政管理是提高企业运行效率的重要手段之一。

(1) 制度是行政管理的重要手段，对现有的制度要有创新，对已经基本成型的人事管理、财务管理、行政管理、审计管理制度希望大家能够认真讨论，提出修改补充意见，同时面对经营管理模式的变化，管理的需要，还要提出创新，比如行政总经理制度，要不断完善。没有规矩不成方圆，制度就是规矩，就是大家都必须遵守的游戏规则，是共同价值观的文字体现。现代企业实际上不仅靠人去管理，更靠制度管理。实际上企业文化的核心就是大家一致认同的核心价值观，万科这么多年来成功的秘诀就是形成了万科人共同的价值观，共同的企业文化和行为准则。我们科瑞第二个10年要发展也要从此下手，形成一整套先进的管理制度。

(2) 对于重要的合同，对于涉及投资合作、并购和超过董事长授权的经营合同一定要有专人管理，严格按程序逐级上报；经过董事长签批，还要请律师帮助审核，从法律上减少经营合同的风险。

(3) 公司的公章要有专人管理，要严格履行审批手续，重要的合同要由董事长审批才能盖章。日常经营活动中都要由执行总裁审批后才能盖章。现在公章的管理比较好，要坚持从公章上把好关，减少风险。

(4) 档案是公司的重要财产，要设专人加强对档案和重要文件的管理。要对档案管理人员进行专门的培训，提高管理水平。档案的调阅要按程序进行，不能马虎。10年的文件档案，堆积如山，已经做了很好的清理，下一步要特别把重要的契约、合同管理好。

(5) 公司的固定资产要设专人进行严格管理，要做到账实相符，账账相符。我们的家底越来越大，资产越来越多，要认真管起来，要认真履行相关手续，利用电脑管理起来。

(6) 要严格行政报告制度。现在我们的企业分散，部门多，信息往往不对称，所以要强调该报告的一定要报告，这是制度。该向董事长、总裁、执行总裁报告的都要坚决报告。制度就是制度，你报告了，信息沟通了，就可以减少风险的发生。

(7) 要保证上传下达，政令畅通，这是行政管理的重要职能，同时还要做好公共关系的维系，协调各方面关系，保障公司的正常运转。

六、审计工作是管理工作的重要手段

随着公司业务的不断发展，我们的摊子越来越大，人也越来越多，我们投资公司的三个厂都在京外，而且还有分厂，我们要派很多干部到生产经营一线去工作，这是我们集团公司经营特点所决定的，在这种情况下，审计工作就显得非常重要了。审计工作是经营管理的重要环节，审计是企业自律的手段，只有加强审计的监督管理职能，才能跟上公司发展的趋势，没有监督也就没有管理。

(1) 对凡是有科瑞投资的企业，都要实行年审制。同时，审计部要对公司的重要经济活动提供有实效的服务和切实可行的监督。

(2) 要加强对投资项目的事前审计，特别是收购、兼并、合资项目一定要加强事前审计，以减少投资风险。

(3) 要实行离职审计、日常审计和抽查审计，有选择的实施后续审计，做到切实有效。

(4) 接受监事会的委托，做好相应的审计工作。

审计工作是长期艰巨的，从今年开始要强化审计的监督和服务功能。审计部是集团重要的管理职能部门，要在今年的审计工作中听取各方面意见，不断提高不断加强审计监督功能，而且长期坚持下去。

同志们，2003 年是科瑞集团极为重要的一年，我们的经营管理任务都很艰巨。与国内外成功大公司相比，我们的差距非常大，第二个 10 年我们要从头做起，认真抓管理、狠下功夫，向管理要利润，向管理要成绩，我们每个科瑞人都要认清形势、敬业爱岗、拼搏奋斗，在董事会领导下，认真做事、认真做人，使我们热爱的科瑞不断发展壮大。

永葆创新活力是科瑞未来的成功源泉

如何制定科瑞今后的发展战略？这个问题的提出绝非心血来潮，更不是源于一时的冲动。科瑞过去的历史证明，我们针对每个不同发展时期提出的战略设想，都有充分的市场依据。即便有些想法最初只是出于潜意识，只是对市场走向的一种感觉，那也是对当时的现实做出了基本判断之后的真实感觉。因此，要想设计好科瑞今后的战略，仍然要基于对历史的思考，以及对现实的判断。只有当这两方面的思考和认识都十分清晰后，产生的想法才有意义，才可能制定出真正适合科瑞特点的发展战略，推动科瑞事业登上新的台阶。

一、重视战略设计，建立运行体系

科瑞的集团化运作过程，是否合乎规范是一个方面，是否具有活力又是另一个方面。这些年来，我们经受了市场挑战的风风雨雨，也做了不少成功的项目，足迹遍及工业、农业、房地产、金融、营销网络等等方面。市场能够运作的项目，似乎我们都有过涉足，在政府和市场规则允许的范围内，该用的手法我们也都试过了。如果现在能够冷静下来，认真看一看、想一想，从我们公司的整体角度来分析，就应该十分清晰地认识到：科瑞最大的优势，其实就在于我们的持续创新能力，以及对市场发展趋势的判断和把握机遇的能力。对于科瑞人来说，就是敏锐地捕捉市场机会，在国家的宏观政策导向之下，适时地用好政策提供的市场空间。例如，1993年发行房地产受益券，无论时间和空间的把握，以及市场手段的运用，都堪称经典之作。犹如自然界华美奇景的昙花一现，我们自己想再做一遍，都不可能。只有在那个历史特定的空间和时间共同构成特定的市场机遇，被我们准确地抓住了。再比如合作创办信用社，同样也是昙花一现的机遇，但同样也被我们抓住了。1995年，国内证券业处于低迷状态，银行混业经营转变为专业经营，证券从银行业中分离出来，信托也要从银行业分离出来。可是，谁来接手？大家都在彷徨。就在这个市场空间快速变幻的一瞬间，所有的机遇都将稍纵即逝。仍然是科瑞人眼明手快，准确地切入。像这样的一些事例，充分表明了科瑞人捕捉机会的能力。

当然，有能力准确判断并抓住好的项目，并不表明有能力运作好项目。所谓“一俊遮百丑”，判断和抓住机遇的能力，可能遮盖住项目运作能力方面的不足，并使人妄自尊大，以为自己什么都行，在自觉或不自觉之间，就让强项的光环掩盖住了弱项的存在。其实，世上并无万能之人，我们当然也不是在所有的方面都很强，更不是拿到手的所有项目，都能让我们运作得很好。这些年来企业一步一步走过的历史，不断用事实非常清晰地告诉了我们这一点。尽管我们抓住了一些好的机会，手上确实掌握了一些好的项目，使科瑞的事业不断走向一个个的新台阶。但是，在面对未来的时候，我们毕竟还是要想清楚，究竟何为我所强、何为我所弱。古人云：知己知彼，方能百战百胜。许多人把这句话当中的“知彼”看得很重，以为只要了解对手的情况，就能打胜仗，其实这就大错特错了。孰不知，“知己知彼”者，知己当在先，知彼应在后。人们在做任何事情之前，都必须先对自己的能力有一个清醒的认识。所谓“修身、齐家、治国、平天下”，自身的修炼总是放在第一位的。

科瑞进入市场运作的这些年当中，历经风雨磨难，终于形成了一支比较稳固的核心团队。有人要问科瑞有多少资产，其实我们的核心团队就是我们最为弥足珍贵的资产。在这个核心团队当中，有些信念大家始终坚持不动摇，从而也保证了公司人才结构的稳定。尽管在分配制度和人才引进等方面，还有很多工作需要我们继续努力，但由于核心层的稳定，使公司能够长期形成一种强大的“合力”，这也多少弥补了一些我们在人才队伍扩张和建设方面存在的某些不足。当然，在我们的人才队伍建设和分配制度的完善方面，确实有许多工作要做，需要我们继续投入更多的精力和智慧。这样看来，是我们在项目运作方面的较强能力，一定程度上弥补了内部管理方面的若干薄弱环节；我们在核心班子方面的较强合力，又在一定程度上弥补了人才队伍建设方面的若干薄弱环节，从而支撑科瑞走到了现在。

那么，究竟哪些方面是我们的强项，哪些方面存在薄弱环节呢？这些所谓的强项和薄弱环节是如何产生，又是如何共生的？它们之间既相互矛盾又相互依存的关系，是如何得以维持的？哪些强项必须继续强下去，哪些弱项应该成为强项？甚至进一步要问的是：哪些强项今后可能成为弱项，哪些弱项可以忽略不计，可以任其继续弱下去呢？由此看来，面对过去的历史和今后的发展，值得我们总结的东西实在是太多了。我们大家都要把真实的思想亮出来，共同找到最值得我们保留的东西。

科瑞成立至今，所运作的绝大多数项目，我都或深或浅地参与过。有这样一个很奇特的现象，尤其是在日常的业务运作方面，凡是由科瑞派出人员直接参与经营、参与管理的项目，战线多半会拉长，甚至有的效果还不尽如人意。其中，尤其值得我们认真思考和总结的一个重大项目，就是瑞泽网络的发展。当然，我们至今仍然认为，瑞泽网络是一个非常好的项目。无论对于科瑞的整体发展，还是放在国内市场发展的总体环境当中考量，当初提出瑞泽网络项目的设想，无疑具有一种超前的战略眼光和智慧，项目的定位非常准确，客户群的划分非常清晰，只要很好地运行、很好地实施，市场效果应该是不错的，战略的设计非常有创意。对于一家企业来说，尤其对于一家集团化运作的企业，战略设计是赖以发展的重要前提。包括发展战略、人才战略、市场战略、文化战略等等方面，是一系列智慧的凝聚和体现。在战略设计的能力上，我们确实具有自身的一些长处，关键是能否符合科瑞的具体情况和特色，能否有效组织大家去完成已经设计好的战略。

制定战略，实施战略，这是绝不能有所偏废的两个方面，更不能一手硬、一手软。如果说战略设计更多倚重于企业高层的智慧，那么，战略实施则主要考验一家公司的实际运作能力，责任几乎都压在了经营班子的身上。项目的运作是否有效率，首先要看我们经营班子本身的运作是否有效率，经营班子是否把工作都做好了，是否真正能够准确地按照战略设计的目标去运行。

如果以粗线条的判断方式来分析，战略设计也许只是对目标的一种大致框定。所谓市场的战略定位，也是告诉大家某些事情可以做也应该做，其他事情则不能做或不必做，目的只是要求大家不能分散精力，要一门心思做好自己真正应该做的那些事情。但是，在实际运作的过程当中，所有人都按照战略设计的方向运行，个人的特点和能力又如何能够体现出来？这一点非常重要，不但涉及到企业整体结构和运行模式的问题，也涉及到企业体制的问题，是一个重要的系统工程。对于企业来说，没有人可以忽略治理结构的问题。在企业发展的早期阶段，或许你可以用“拍脑袋”的方式来做决策，一旦出了问题，你可以说原因有多个方面：或许是项目选择不好，或许是资金不到位，或许是材料供应不及时，或许还有其他方面的原因。然而，没有不好的市场，只有不好的产品；没有不好的项目，只有不好的运作。所有的一切是否成功，关键在于人。

企业用人必须形成体系，或者说是一个系统。企业的考评制度，包括对个人历史和绩效的考量，都必须依靠一套客观完整的体系来进行，不能想当然，更不能仅凭个人的印象或好恶。尤其对于民营企业来说，过去大家都喜欢用自己的朋友，企业的人才队伍完全建立在私人感情的基础之上，至于是否真能把项目做好，那就多半靠“撞大运”了。有些民营企业尝到苦头之后，就开始尝试着用一些外来的“空降兵”，但就目前来看，用得好的也不多。科瑞这些年来的成功，则更多在于借助了自身投资项目的人才基础，以及项目本身以往已经形成的一整套班子。那么，除了特定项目的特定人才之外，科瑞自身的人才基础又在哪里呢？这是需要我们深入反思的关键所在。

面向未来的发展，我们必须尽早建立起一套行之有效的、能够充分发挥人才作用的体系，使每个人都能用其所长、避其所短，形成高效率运转的人才机制，这也是影响我们将来能否持续壮大发展的一个重要因素。集团化企业的运作，绝不可能总是依靠个人的潜意识和感觉，或者是那些闪耀在日常运作过程当中的某种思想火花。我们能否充分挖掘出所有科瑞人的智慧和才干，我们能够和可以依靠的，只能是一个相对完整和运行良好的治理结构，同时某种程度上最大可能地避免人才使用和体制内部可能存在的缺陷。

10年前，甚至在5年前，我们如果犯了错误，可以比较容易地爬起来，擦干净身上的泥土，总结出经验和教训，再继续前进。现在如果犯了错误，就有可能会像被狂风刮倒的树那样，再想把它扶起来，就非常不容易了。即使能够扶得起来，付出的代价也会比过去大得多。因此，我们不仅应该重视企业的战略设计，同样必须引起高度重视的是，如何尽快为我们的企业建立起一套完整的科学机制和运行体系。

二、依靠三大基础，寻求更大发展

如果用历史的眼光来观察当前的现实，就不难发现，我们确实为企业的发展打好了一定的基础。支撑这个基础的，一是科瑞的文化，二是科瑞的队伍，三是科瑞的产业。这三个方面的基础条件，是我们历经11年的风云变幻和艰辛努力，好不容易才建立起来的。有了这三个方面的基础条件，将来要想继续发扬光大，主营业务战略规划的设计，以及这种战略规划是否能够得到真正有效的执行，就变得极其重要。

国家的整体经济态势，尤其是中共十六届三中全会的召开，对公有制的实现形式做了更加科学的解释。混合型经济概念的提出，开辟出一个崭新的领域，为民营企业今后的继续发展提供了一个非常好的平台，历史又一次向人们展现出了新的契机。在社会舆论层面，民营企业的地位相对于11年前也提高了很多。现在回想起那个时候的社会环境，确实让人感慨不已。由于政策不允许私有企业，当初科瑞也只能注册为集体性质，与现在宽松的环境比较起来，有着非常大的反差。

当然，科瑞今后仍然应该以产业发展为基础。对于国内一些知名的民营投资企业，包括他们的经验教训和成长轨迹，我也做过比较。科瑞的优势何在？其实就在于，我们做投资是从企业最前端开始做起，从最基本的股权结构切入，通过了解一个企业，去了解一个行业，对行业情况真正熟悉之后，在经营的过程当中再去做资本市场。这也就形成了长期以来具有我们科瑞自身特色的运作模式，而不是将收购企业作为二级市场套利的手段。今后，科瑞的资本市场运作，仍然应该建立在我们自身对行业情况有了深入了解的基础之上。也只有对企业和行业的情况非常了解之后再来运作，才是一种从根本上解决问题的做法。这种方式既然行之有效，并形成了科瑞的一种特色，今后就应该继续坚持，绝不动摇。那么，随之而来的问题是，目前这三个产业是否我们要继续做下去？或者除了这三个方面以外，别的产业还做不做？这个问题非常重要，大家都必须想透、想清楚。

20世纪90年代初，民营企业的发展，主要寻求金融性间接融资。因为当时的资本市场还处于开始形成阶段，主要的融资渠道只能依靠金融机构。所以，我们曾经大力创办城市信用社，甚至创办民营银行，做过很多方面的努力，试图走出困境。众所周知，金融业很难成为民营企业发展的支柱产业，在西方或许可以，在中国却不行，这是由很多社会因素决定的。金融只能作为一种手段，来为我们的产业发展提供服务。随着中国市场经济运行的日益成熟，资本市场越来越表现出无限的魅力，为民营企业提供了丰富的筹资渠道。但是我们国家经济运行当中的某些历史性和结构性问题，还没有真正得到彻底解决，某些先天不足的缺陷导致资本市场的发展开始遭遇瓶颈。国民经济以每年8%的速度增长，2003年国家信贷就达2万多亿元，大大超过2002年的水平，一种间接融资作为主要市场手段在推动着经济的发展，风险都压在了商业银行身上，资本融通的渠道非常之窄。在这种现实的风险逼迫之下，政府的投融资政策必然做出调整，这也是我们必须密切关注的趋向。新型的直接融资手段很可能会出现，我们的经济运行不可能再靠金融风险来维系。其中，信托越来越成为一项非常有效的融资手段。信托在金融领域曾经是“老运动员”，国民经济的每一次调整，信托都会受到一次冲击。这是因为处在当时的经济环境下，信托的存在几乎多余，市场经济还没有出现真正的信托需求。如果非要学西方的模式来搞信托产品，就会变成银行信贷的变种，异化为投资而流向社会，难免失控，从而变成第二银行，失去了信托本身的意义。总之，现在的情况不一样了，我们也不应该用过去的目光认识当前的市场。我们的目光必须盯在货币市场和资本市场的结合上，寻求多元化的资金配置能力。

我们还应该充分利用好国内、国际的资本市场。企业要发展，要创造利润，就必须依靠社会的力量，把社会上的资金募集起来，目的仍然是为社会创造财富。

时代不同了。11年前科瑞人创办企业，靠的是创新思维。但是，11年前的思维方式，已经不再适合于目前这样一个多姿多彩的市场环境。因此，科瑞人还必须继续创新、不断进步，才能使我们的企业永远立于不败之地。

就当前的投资业务来看，我们还应该把目光瞄准国际资本，以及国内政策允许范围内的资本，使各种金融手段都充分地调动起来，以形成我们自己的有机整体，为今后的投资项目运作搭建平台。从事投资业务的经理们，都应该而且必须成为项目专家。当然，我们有些投资经理还很年轻，在以往的投资业务运作当中，不可能逢战即胜，总有吃亏的时候。然而，即使再小的亏都不能白吃，吃一堑就必须长一智。经济体制改革20多年来，中国企业最缺的还是人才，缺少一支真正优秀的企业家队伍。由于受到几千年传统文化的深刻影响，人们从小立下的志向多半是“入仕做官”，所谓“达则兼济天下，穷则独善其身”，我们从来都不缺那种“以天下苍生为己任”的政治人物，做官做得好的人多得很。但是，能够把企业做好的人才就非常稀缺了。于是，从另外一个角度来看，20多年来市场经济发展的过程，某种意义上也是培养我们中国人自己的企业家的过程。科瑞至今也走过了11年历程，始终处在市场运作的前沿地带，经过了很多的事情，企业一步一步成长，积累了不少企业经营管理方面的经验和教训，也培养了一批能够吃苦、敢打硬仗的企业人才。有了这11年的经历，有了这样一支人才队伍，应该可以帮助我们在下一步的运作当中，尽可能地少走弯路。当然，我们的队伍还应该更加成熟起来，业务经理们也还要进一步地增长自己的才干，使自己逐渐成长为企业家，甚至成长为优秀的企业家。

我们的投资程序和业务流程，都要尽快建立和完善起来。所有拿到的项目，在进入市场运作之后，应该会产生什么样的结果，事先要做到心中有数。当然，这其中涉及到了很多方面的问题，要有通盘的考虑和规划。

最近我再次到了香港以后，在金融方面又获得一个非常深刻的体会。就大致的金融态势走向上看，今后还会有非常好的机遇，那就是人民币的升值。至少在未来几年内，人民币的升值应该是潜在而必然的。我们的GDP每年都以7%～8%的比例高速增长，每个国际性的投资者都会产生一种人民币升值的心理预期，知道那会是一个非常好的机会。为什么现在有非常多的金融机构都集中在东方，也是一个明显的例证。所以，现在有很多基金都囤积在香港，等待着大陆出现好的项目和机会。只要项目好、机会好，条件成熟，这些基金都会进来，然后人民币升值，国内投资项目也就自然升值，实际上这就是一种资本的运作。这种情况必须引起我们的关注，其中蕴藏着非常好的商机。甚至可以考虑建立以信托为主体的资本运营中心，直接与国际资本市场对接，当然同时也与国内的项目市场对接，从而形成双向联接的管道。另外的机遇还包括债券市场，国内国际的股票市场，以及基金的市场等等。西方企业一般不会把钱都存在银行，因为存款利率太低。美国的基金额度之所以大于市民的储蓄额度，也是这个道理。通过各种方式把钱投到企业当中去，投到产业运行当中去。由此看来，充分用好利率的杠杆作用，是中国金融改革的重要一步。现在，人们的头脑当中还有一个国债的概念，股市风险大，很多人都不敢买，基金又只限于证券投资，证券业市场还需要稳定和调整。当然，这些问题今后一定都会得到解决。

因此，企业将来筹集资金，必然会走多元化的道路。对于科瑞这样的投资控股企业，资本运作同时也是企业价值的实现形式。无须太长时间，未来三年，我们就应该着眼于从这个方向来发展。在业务取向上，我们还要大胆地抓项目。已有的项目要发展，未来的项目更要积极地运作。除了当前的三个行业之外，其他行业的项目，只要是我们能够掌握的、有发展希望的、前景看好的项目，就必须抓住机会向前冲，用项目平台对接资本市场。这是我们科瑞在业务经营上擅长的领域，在功能实现上的技巧运用也相当娴熟。

科瑞是一家企业，本质上也是一个组织。项目是维系这个组织存在的内涵，也是推动这个组织发展的必然手段。只有不断做业务，企业才能产生利润，有了利润，才能养活这些人，我们这个组织的机体才有活力。

无论是项目选择、项目运作、项目管理以至于利润实现等等，都是为了使我们的企业能够继续生存和发展下去。然而，我们这个企业之所以存在的唯一目标，是否就是为了产生利润呢？这其中就涉及到了一个价值取向的问题，也就是企业文化的问题。

我曾经在不同的场合多次说到：在社会各界朋友们的眼中，科瑞人不光是能运作项目，而且都很精神、都很优秀，每个科瑞人走出去，都很有素养，朝气蓬勃，有思想有水平，这才是我们企业走向成功的集中表现。所以，我们的《科瑞人》刊物这么多年始终坚持下来，即使经费再困难的时候，《科瑞人》也没有停刊，就在于我们科瑞一定要培养出一种精神，培养出真正符合我们科瑞人理念的人生价值观，培养出有科瑞特色的人才，这也正是关系到我们整个公司发展的文化战略问题。我们的项目也许能够赚钱，但是，如果我们科瑞人走出去和社会打交道，在为人处世方面表现得一塌糊涂，使人感觉没有文化修养，能说我们是一家成功的企业吗？今后，在文化战略方面我们应该达到什么样目标，也要有一个很好的设定。我们一定要让世人知道：科瑞人做企业，不光是为了赚钱，还要为我们的社会提供服务，为我们社会的进步贡献智慧和力量。

三、提升管理水平，实施人才战略

每当我们回顾科瑞发展历史的时候，总是心潮起伏，感慨万千。我们经历了太多太多的事情，有很多成功的欢乐，但也遭受过失败和挫折。当年与我们同时起步，今天有幸还能生存下来，并仍在市场经济的最前线继续拼搏的民营企业，恐怕已经为数不多了。科瑞之所以能够昂首挺立走到今天，需要总结的地方还很多，包括在我们的业务取向、价值取向上，以及战略设计和规划等方面，都有许多非常值得珍惜的东西。当然，在企业的管理取向方面，我们也应该有一个更深入的总结和思考。

大家都接触过很多西方的管理理念，其中有很多先进的、科学的东西，确实值得我们好好研究和借鉴。然而，中国企业的管理模式与西方企业毕竟存在很大的差异，这是观念不同，法律环境、文化环境、政治环境不完全一样造成的。中国市场经济的进程，决定了我们的企业在各个不同阶段，必须采取不同的管理模式。企业一定是要有管理的，关键在于怎么管、用什么手段管、管到什么程度。是采用紧密型的管理，还是分散型？是采用强式的管理，还是弱式？是侧重于依靠经济手段进行管理，还是侧重于行政手段？这些都必须经过仔细思考之后，有了通盘的战略规划设想之后，才能做出比较正确的判断。

既然管理是一种企业行为，对于下属项目公司来说，理当偏重以经济上的制约为主。如果说总部有什么手段，也必须主要是经济手段。我们还要培养更多精英型的人才，与各项目公司实现对接，使项目公司在运作上能与总部紧密联结，真正意义上的管理才有可能实现。今后还要进一步强化资金的控制，始终保持一种高压态势，所谓“有压力才会有动力”，有动力才可能不间断地运转起来，使得主动权始终掌握在我们自己的手上，否则根本无从进入管理。

另外一个重要的环节，就是对已经完成购并的企业管理问题，这更需要从长计议。关键在于，我们作为一家投资型企业，有没有必要深入到已经完成购并企业的每一个管理细节当中去？如果真的深入进去，科瑞就要储备一大批相关行业的专业人员，用于替代原有的经营管理。这种做法究竟利大还是弊大，非常值得大家深思。当然，对于投资型企业来说，相当程度上必须依赖于已完成购并的企业。尽管这些企业已经真正成为了科瑞资产的一部分，但无论在整个行业的历史纵深还是横向联系上，已购并企业人员毕竟比我们更加熟悉业务，更有经验。这些因素就决定了我们在购并企业的管理上，不能想当然，也不要总是指望自己去“有所作为”。当然，每家企业的人员不同，基础不同，经营的方式不同，管理的内容也不同，情况千差万别，我们决不能犯以偏概全的毛病。有些完成了购并的企业进来之后，只要有必要，我们一定会派人进去，深入一线，加强管理。至于怎样深入，深入到什么样的程度，用什么样的方式实施管理，会有一个探索和磨合的过程。除了人员之外，只要是科瑞资金投入的地方，管理模式都必须跟上，要做到“走到哪，跟到哪”。我们董、监事会的工作人员今后要做很多工作，要把科瑞管理模式的设定研究透，进行反复琢磨、反复研究。无论是做项目还是投资，如果没有一个成形的模式和高效率的办法，就会走到哪，打到哪，四处放空枪。如果形成了一整套行之有效的模式，经受住了历史和实践的检验，不管是什么行业的投资项目，都可以拿来借鉴使用。例如投资电力行业，如果科瑞没有电力方面的专家，但又急需委派总经理，就可以参照既定的模式，立即启动人才招聘体系，高效率地从行业当中寻找到最优秀的人才，然后再启动薪酬体系，以及其他方面的各种管理程序。将来我们的投资触角可能会涉及到很多不同的行业，但我们有一套完整的管理模式，还有一套先进的企业文化，能够不断地吸引和接纳各方面的优秀人才，并始终关注他们，帮助他们进步。否则的话，即使我们把人才招聘进来，结果却因为在文化上产生了隔阂，或者新人要磨合很长时间，才能真正融入到科瑞的团队当中来，这个过程将非常痛苦。不仅我们痛苦，对方也痛苦，甚至有可能在磨合期尚未结束，就磨合不下去了。在根本意义上，管理的职能就是要把合适的人放到合适的位子上，通过一种机制把各自的利益紧密联系起来，为共同目标的实现而努力。

古人云：“以铜为鉴，可以正衣冠；以人为鉴，可以明得失；以史为鉴，可以知兴替。”我们科瑞发展到目前这样一个阶段，确实有许多东西值得我们进行认真的研究和总结。如果说，过去11年的科瑞已经成为了历史，那么，历史也是由人写出来的。我们这些人在科瑞的历史进程当中，各自都扮演了一些什么样的角色，获得了哪些方面的经验和教训，只要是有可能的话，都应该提炼出来。尤其是那些精华的内容，必须作为科瑞的传统，应该在下一步的发展当中继续发扬光大。而那些失误甚至失败的教训，更需要总结出来，当作一面镜子放在那里，不但要让我们自己，也要让后来的人知道：过去的科瑞并不总是一帆风顺走过来的，哪些失误应该避免却没能避免，哪些失败可以不发生却仍然发生了，今后应该怎样做，才不至于重蹈过去的覆辙。有些时候，这比那些成功经验更加宝贵、更加有价值。

当然，人无完人，金无足赤。有些人在性格上固有的特点，并非一夜之间就能彻底改变，甚至也无须改变。每个人都有自身的特点，才会有今天这样一个丰富多彩的人类社会。关键在于我们如何扬长避短，最大可能地展示自己的才华，体现出每个科瑞人的人生价值。过去有人讲，在我们的一些科瑞人当中，或多或少地存在一些游击队的作风。其实这也不必否认。我们共产党的红军不就是从游击队发展过来的吗？当一家企业的建制还没有达到正规军的规模和水平的时候，就以正规军的标准来要求大家，显然是不恰当的，也是不现实的。那么，已经走过11年历程，发展到今天这样一个规模和水平，并以集团化态势进行运作的科瑞，是否已经成为了一支正规军呢？是否应该开始用正规军的标准来要求大家呢？如果有的同志认为还不到时候，还要有个过程，那么，这个过程还有多长？再过三年还是五年？我们希望大家都能认真思考这个问题，真正想通这一点。在我看来，无须五年时间，三年之内，科瑞的事业就会登上一个更大的平台。当然，我们仍然要坚持自己的观点，即科瑞不仅要制定出发展战略，更要设计和实施具有我们科瑞自身特色的人才战略，使更多掌握了真才实学，并具备了创新精神的实干家和精英型人才脱颖而出，在落实发展战略、执行发展战略，把发展战略变成一种实际行动的过程中，使科瑞真正成为一家以人为本的公司。

果真如此，科瑞的未来将更有希望！

努力实现战略目标，全面提升资本价值 *

由于全体科瑞人的努力工作，集团公司的发展在 2003 年又迈上了一个新的高度，登上了一个新的平台。为此，我首先代表科瑞集团经营班子全体成员，向奋战在全国各地的科瑞人，表示衷心的感谢！

今天的报告，我主要谈两方面的内容：一是 2003 年的工作总结，二是 2004 年的工作展望。

一、2003 年的工作

2003 年，是科瑞集团继续向实业投资企业跨越的一年。在董事会的领导下，无论产业规模还是产业结构，我们都在实业投资战略目标的实践上，取得了很好的成绩，工业总产值、销售收入、利税总额、集团净资产等，与去年同期相比都有相当程度的增长。除了极个别处于投资阶段尚未实现利润的项目外，集团公司的所有项目都实现了盈利。这是全体科瑞人进入第二个 10 年发展期的第一年，向各位股东、各位董事和社会各界朋友交出的一份令人满意答卷；也是经过了 10 年的努力之后，在第二个 10 年发展初期，第一次就基本实现了我们的投

* 在“科瑞集团 2004 年工作会议”上的报告。

资回报。

（一）谋事求强，以资本手段打造集团在开关、饮料、生物制药等产业平台的领导地位

做强做大，占据行业领导地位，始终是科瑞董事会的重要战略构想。我们去年的整个工作，也始终围绕着这个战略构想来实施。运用兼并、收购等资本运作手段，提升我们的企业价值，提升企业在这三个行业当中的领导地位。

平高电气于2001年在上交所挂牌上市之后，在行业当中已逐渐发展成为具有比较强势地位的企业。国内电气开关行业的竞争非常激烈，不仅是原有的三大开关厂，一些新兴的民营开关企业的发展势头也非常迅猛。如果我们继续单纯围绕平高电气这一家企业来做文章，很难在行业当中取得优势地位。因此，从2003年的下半年开始，我们迅速调整战略，与国内一家著名的开关企业展开了战略合作谈判。恰逢其时，相关地域的国有企业正在酝酿退出，准备拍卖。我们紧紧抓住这个机会，经过艰苦努力和富有创造性的工作，投资公司的同仁们发挥了极大的工作热情，终于在激烈的竞争当中拔得了头筹，签订了合作的基本意向。此举使我们进一步提升了在国内开关行业五大企业中的地位，并为今后获取该行业的领先优势奠定了很好的基础，为在该行业中的下一步发展提供了非常好的平台。

在2003年的整个工作当中，安德利于4月22日成功实现在香港H股创业板上市，是又一个新的亮点。上市之后，安德利股票一直被国际资本所追捧，使安德利股东遍布世界，已经进入到一个国际平台，被世界各大基金，包括美资、日资和欧资所关注，价格一路飙升。在香港创业板当中，甚至在H股市场当中，唯有一家果汁行业的企业在香港挂牌，是独家企业，其投资价值在国际资本看来具有非常好的增值潜力，成为“小产品，大市场”又一个典型，有很好的发展潜力。于是，安德利上市以后，从最初的6亿港币市值，迅速提升到了12亿港币，企业增值利润之大，由此可见一斑。从这个意义上看来，烟台安德利果汁在2003年打了一个漂亮仗。现在，无论是安德利的产量和质量，都可以按照世界级的水平来衡量。

在生物制药领域，我们做了近四年的探索。2003年在管理体制上有了一些新的变化。过去，对博雅公司的管理模式一直处在探索的过程之中。就此问题，我们在2003年与博雅董事会和经营班子做了多方面的研究，并最终获得博雅董事会授权，由科瑞集团履行董事会休会期间的管理职能。新管理模式的推出，极大鼓舞了整个经营班子的工作积极性，使博雅公司2003年的工作有了很大的进步。与此同时，我们与这个行业中的龙头企业——上海莱士展开了积极的合作谈判。众所周知，在国内血液制品行业当中，上海莱士是一家知名的品牌企业。无论产品质量、工艺流程还是品牌知名度，上海莱士在整个行业当中堪称领头羊。我们今后要在这个行业当中站稳脚跟，进而成为行业当中的领先者，与莱士的合作就显得极为重要。在这个问题上，我们始终没有动摇。合作的条件可以商讨，合作的谈判进程甚至也可以有一些反复，但是，随着中国经济的迅速发展，国有企业进一步退出，民营企业不断壮大和发展，在资本领域当中的成本越来越高，机会越来越少。与莱士的合作机会如果抓不紧，就有可能丧失。因为我们不但面临着国内众多民营企业的竞争，还与国内知名的国有医药企业直接交锋。在经过反复的磋商和艰苦的努力之后，我们与莱士签订了合作协议。我们就此迈出的绝不是一小步，而是一个跨越。国内的血液制品行业竞争残酷，犹如逆水行舟，不进则退。只有不断地向前推进，我们才能在这个行业有所作为。

综上所述，通过2003年全体科瑞人的努力与合作，集团公司在上述三个行业当中，已经开始走到前列。

（二）实事求是，理性务实，探索科瑞健康管理的新模式

科瑞健康管理不失为一个好项目，也是有前瞻性和挑战性的

一个项目，是科瑞人对未来发展的一个事先安排、一种市场战略。但在实际运作的过程中，陆续出现了一些我们原来没有预想到的问题，使项目的推进遇到一些困难。2003年，健康管理公司紧紧抓住与北京医疗资源的合作，获准与有关医院共同设立地区医疗门诊部。这个牌照的获得，使健康检查中心的建立成为了可能。同时，为了降低风险，引进更多的投资者，我们对健康管理公司进行了增资扩股，以保证在这个行业当中资金投入的安全性。在股改完成的同时，医药招投标网的牌照也获得批准。这两块牌照为2004年的发展奠定了一个基础——第一是有了新的股东和新的资金来源，第二是有了新的项目和新的发展空间。因此，科瑞健康在2003年的努力，基本上将原来的投资落到了一个实处，为2004年的发展建立了平台。

（三）关于瑞泽集团的发展

谈起瑞泽，我们心里总是充满了感慨，也充满了感情。在科瑞集团的发展事业当中，瑞泽销售公司发挥了不可磨灭的历史作用，现在经营当中遇到一些困难，我们仍然在极尽所能地呵护这个品牌。

从1995年创立至今，瑞泽的发展就要走过十年路程。瑞泽的品牌在社会各界的反响是很不错的，没有出现过大的失误，其自身的信誉和美誉度依然存在。尤其是在相关行业当中，瑞泽是非常有价值的一块品牌。如何依靠科学的、创新的思路，来造就一个新瑞泽，是我们大家始终都在探讨的一个问题。

由于瑞泽销售总部的功能性要求日趋减弱，2003年，瑞泽总部的工作人员也全部充实到经营实体，并委托科瑞集团郭梓林副总裁协助管理瑞泽，起到了很好的效果。一些企业也非常愿意和我们瑞泽一道发展。2003年，瑞泽联合了国内九家手机销售商，共同发起设立了瑞泽通讯设备销售公司，并迅速展现出一定的市场优势，仅两个月的运作，就实现了比较可观的销售额。当然，瑞泽的调整还要抓紧，以使它尽快焕发出新的活力。

（四）守正出奇，灵活准确，把握资本市场和社会资源派生的机会

企业的战略目标当然要准确，但在实际运作的活动当中，我们的获利手段还要多样化，使科瑞的每一项资源都能得到充分利用，能获利的都应该获利。因此，2003 年，在不断提升企业价值的同时，我们积极地探索了企业价值的实现形式，即企业价值提升之后，通过一种什么样的方式来实现价值。这其中当然有很多可供选择的手段。形成一种产品的盈利优势，再加上资本的盈利优势，这可能是我们科瑞未来发展过程当中盈利的一个很重要的方式，也可能是我们比较擅长的一种方式。把产品盈利优势和资本盈利优势结合起来，从而最大可能地实现和提升企业的价值。2003 年，我们就此做了积极的探索，包括将各种社会资源进行对接，也可以定性为短期资本的参与性的投资。这是社会各种生产关系对我们的需要，也是我们已有的品牌效应和已有的社会资源提出的需要。我们对此做了一些探索，取得了一定的成绩。

（五）关于融资

我们的企业，是处在有中国特色的社会主义市场经济的环境当中。这个市场环境既然是在进一步完善，就必然存在一些需要改进的地方。尤其是民营和中小企业的融资问题，仍然成为制约发展的一个瓶颈。当然，这两年正在向好的方向转变。但投融资体制改革的滞后，在企业整个发展的过程当中，始终是困惑我们的问题之一。2003 年，我们就此仍然下了很大气力，并使之成为我们与金融业的恢复年，由过去的状态转化为一种合作状态，同时积极探索多边的银企合作关系，并取得了一定的成效，基本落实了科瑞发展的资金需求。有关工作人员确确实实做了很大的努力，在一如既往地向前推进。

二、2004年展望

（一）目标

郑跃文董事长代表集团董事会，已经把科瑞的战略目标清晰地勾画出来了。但是，在战略目标确定之后，我们科瑞人的行动和战术执行力如何，就显得极为重要。尤其作为集团的经营班子，对董事会提出战略目标的落实和执行，工作做得越细越好。

2004年，科瑞集团的销售收入计划达到36.7亿元，比2003年翻一番还要多，实现利润2.4亿元，完成投资额3亿元，加上对金融体系的投资，总投资要达到4亿多元，向国家上缴税金约2.3亿元。当然，以上只是比较粗略的一个预计。

计划分解之后的目标为：

第一个目标，是继续推进企业在三个行业方向的并购重组，以拉动相关企业在产业链上向两端的延伸。

在三个相关行业当中，我们已经占据了比较重要的位置。那么，现有的产品结构，今后必须体现出我们在这些行业当中未来发展的最终目标。根据这种思考，今后我们还要在产业链的扩张方面做一些安排，分别向下游和上游延伸，这也是我们在2004年需要重点考虑的问题之一。

首先是平高，在实现了与相关企业的强强联合之后，使得这个行业从中压到高压的产业节点上，拥有了实力强大的联合体。但上游和下游仍然具有很大的操作空间，我们的投资公司需要认真研究和对待，争取在2004年实现突破。

其次是借助国际市场的优势，加快发展的步伐。目前，安德利果汁的主要产品是浓缩苹果汁，品种相对单一，市场也相对单一：主攻美国市场。2004年，安德利也应考虑产业链延伸的问题。在产业下游，如何把加工完毕的果渣制造成果胶，而果胶项目在国内基本是一项空白。前段时间安德利与国外企业就此进行了谈判，张万欣总裁在丹麦也与一些世界级的果胶企业进行对接，现仍在进行谈判，作细节性的安排。如果在 2004 年能在这个行业获得突破性的成果，对安德利的价值无疑又是一次提升。

安德利的上游是饮料市场。我们是否应该切入饮料市场，如何切入饮料市场，其中有一个市场定位问题，还有一个品牌问题。但是，我们至少可以对接国内和国际上知名品牌的饮料商，以 OEM 的方式展开合作，让他们采用我们的果汁进入中国市场，扩大中国本土市场苹果汁的消化。这样做的好处，一是大幅度提高加工收入，二是打开国内的果汁市场。在项目的对接上，可以实现产品的多元化和多样化，我们始终在跟踪和探索。包括梨汁和热带水果饮料，今后是否能够成为具有竞争力的产品，也在进行研讨。2004 年，安德利公司如果实现了在这三个方面的突破，就能继续提升我们的企业价值。

2004 年，生物制药公司的主要工作之一，是如何对接国际资本市场，方案也在设计之中。尽快解决对接国际资本市场的关键之一，是采取什么样的方式向前推进。

第二个目标，是推动科瑞健康全面完成 2004 年的工作计划。在召开这次会议之前，我们召集了包括科瑞健康在内的各下属企业，就 2004 年的工作计划进行了至少三轮的交流。原则是明年年底开会的时候，我们再来检查和落实计划的执行情况。计划不仅仅是一种文字的表述，更应该体现为一种行动，以及落实为行动后的效果。在计划没有最后确定下来之前，大家怎么交流都可以，甚至可以把利润数字扩大一百倍，也可以把利润数字压缩一百倍。可是，计划一旦确定，就必须执行，而且要严格执行。

第三个目标，是继续加快瑞泽销售的体制创新和产品的专业化销售步伐。在近十年的发展过程中，来自科瑞集团的干预很少，瑞泽销售基本上是自成体系地往前发展，并已经开始形成了一些模式。尤其是那些做得好、做得稳的品种，正朝着确定的行业领域推进。

第四个目标，是继续参与相关信托公司的筹建工作，并积极寻求其他金融机构发起设立或增资入股的机会，重新构建科瑞集团的金融品牌。在中国的民营企业当中，科瑞集团是率先进入金融领域的企业之一。2000年之后，我们将工作目标调整为实业投资，经过三年的努力，实业平台已基本夯实，有了一个继续发展的基础。这个时候，科瑞金融品牌的建立，应该是恰逢其时。2004年初，几大银行的动作已经表明了中央政府和国务院对金融体制改革的决心。国家拿出外汇储备450亿美元进行的增资已经到位。完成股改以后，外国资本就可能进入。国内的民营企业现在都苦于自己的资本实力太弱，但又都想加入到这个改革当中去。中国金融体制改革的机会已经出现，科瑞集团今年正好也需要搭建这个平台。包括信托公司的组建、民营银行的设立、农村信用社的改制等等，这些机会，都值得我们去认真探讨和捕捉，促进科瑞集团金融平台的建设。

第五个目标，是贯彻落实董事会提出的、开拓以现代制造业为主导的城市新区建设项目，重点抓好南昌新城项目的前期工作。这项工作一直由郑跃文董事长在前面推进，彭中天监事长率领一个团队在跟踪落实。这是集团公司目前的一项创造性工作，有别于一般的发展模式，它有机地把政府、企业、农民这三方利益结合起来，是一个有生命力的构想。在2004年的工作当中，我们要集中精力，积极展开创造性的工作，借助现代金融手段，把南昌新城项目大力往前推进，实现集团公司的又一个跨越。

第六个目标，是立足国内及国际资本市场，逐步实现资产式融资的转换。国内市场环境的现状，是经济实体较强，资本市场较弱，融资手段大多以间接融资为主，这将成为今后金融体制改革的一个方向。在这种大的环境背景之下，民营企业都是通过负债的形式来扩大资本，从而给经营层造成了非常大的压力，使企业的财务成本居高不下，国家的利率水平不断上升，预计2004年的利率水平和利率成本仍将上提。长此以往，以投资为主营方向的民营企业，包袱会越来越重，压力也会越来越大。面对这种局面，逐步向资产式融资转换，不失为一项明智的选择。当然，我们过去就此也做了不少努力，力图使我们的每项融资都作为资本性的融资，以减轻企业在这方面的压力。但是，集团公司每年创造的利润，仍然有相当大的比例都交给了银行。因此，2004年，我们还会积极地采用各种方式，包括债券的方式、资本市场的方式、基金的方式，以及股权交换的方式等，来达到融资的目的，并展开其他方式的有益探索。

（二）实现目标的路径选择

作为执行层，我们最重要的一项工作，就是解决日常经营中出现的各种问题，将董事会下达的目标化解成具体的计划，然后按照程序来完成计划。实现目标的路径，包括过程中的执行能力，有一个“魔鬼在细节中”的现象。我们每一个科瑞人，只有在细节当中把魔鬼驱散，才可能达到好的结果。过去我们想做的很多项目都很有创意，也都有非常好的构思。但有些构思为什么最终执行不下去？为什么在执行过程中才发现很多漏洞？这其中当然有决策简单化的原因，也有执行能力弱的原因。2004年，我们要下更大的功夫来解决这些问题，应该抓住这样几个关键点：

(1) 治理结构。建立科学的、有效率的公司法人治理结构，是我们面临的一项重要课题。有关治理结构的讨论，过去开展了很多，无论国有企业还是民营企业，都是从计划经济体制下转换过来的，对治理结构的认识，对治理结构转换的实践，都没有太多的经验，我们也是在不断探索的过程当中，逐渐对此加深了一些认识。目前国内企业的法人治理结构，大部分是“形备而实不归”的状态，虽然引起了普遍重视，但实际运行的效果并不好。2003年，我们尝试着把董事会和监事会的功能作为制度上的安排日常化，成立了董事会和监事会办公室。事实证明，这个效果是很好的。尽管在实际工作中还存在这样或那样的问题，但作为一种尝试，仍然取得了非常好的效果，在改善公司治理结构方面迈出了一步。也许还不是最完美的一步，但毕竟迈出了一步。只要股东会、董事会和监事会各司其职、协调运转、有效制衡，才能形成真正意义上的法人治理结构。多年以来，我们一直在摸索如何改造科瑞的管理结构、管理模式和管理方法，但在执行过程当中总会遇到一些阻力，根本的问题恐怕还是在治理结构上面。包括集团每年的工作计划和工作目标，一定要按照程序化的方式来执行。应该由董事会讨论批准的问题，要经过董事会的审批程序；应该由监事会监督的问题，要经过监事会的监督程序。同时，我们的每一个分公司也都有自己的法人治理结构，分公司的工作计划，也要按照批准的程序执行。董事会批准的计划必须形成文件，并在计划完成后予以检查和兑现。是完成了计划，还是没有完成计划，总经理和经营班子应该获得什么奖励，还是应该承担经济责任，年前全部按照程序来落实和兑现。尽管这还是我个人的设想，需要经过董事会讨论，但我从经营的层面提出这些想法，是希望能够尽快建立一个有效率的治理结构。

(2) 人才结构。在日常的工作当中，我们越来越感觉到人才的重要。目前的科瑞已经到了这样一个阶段：公司发展非常快，对人才的需求非常强烈，一天不看书、不读材料，就感觉自己在落后。科瑞目前的人才结构已经出现了老化的苗头，我们掌握的知识也有老化的趋势，非常需要能够在一个新的平台上对接的人才群体出现。郑跃文董事长也一再强调：要召开单独的人力资源会议，专门来研究 2004 年的人才引进和培养发展问题。在座的许多同志都提出了学习的要求，甚至很多高层领导也强烈希望能够继续研修或培训，这是一个很好的现象。因此，今年还要下大功夫，在现有人员如何培训，对缺乏的人才如何引进的问题上继续探索，重点是在企业内部选拔一批人员，进行高层面、高水平的培训，并着力于人才团队的整体引进。郑跃文董事长提出“团队引进”的概念，非常有创意。人才团队的整体引进，将为集团战略目标的实现引进一批具有高尚品德、易于沟通、坚忍不拔、勤于学习、知识广泛、善于团结的人才。有了这样一支人才团队，将使我们的事业真正做到战无不胜、攻无不克。

（3）创新精神。一个企业有了创新精神，才能提升战略执行能力。科瑞的发展走过了11年，我们的每一次成功，其实都是创新的结果。任何一位企业家都不可能仅仅依靠惯性来推动企业发展，因为惯性最终会失去动力。没有任何一种固定的商业模式，能够维持一家公司的长远发展，这也就决定了创新的重要。当然，这还仅仅是业务的创新，更重要的还包括体制创新、制度创新、管理创新等等方面。在未来发展的过程当中，科瑞人要始终遵循创新的原则。哪怕只是一种方法上的创新，只要有利于提高我们企业的竞争力，就应该得到大力支持。

（4）财务体制。充分发挥财务管理和审计监督的作用，有利于实现企业收益最大化。这其中主要涉及几项具体工作：一是随着投资领域越来越宽泛，投资行业越来越深入，涉及的企业越来越多，财务人员仍然应该直接由集团委派。同时，财务人员还应定期轮换。这方面的工作原来做得不够，今后必须加以改进。二是要及时引进一批高素质的财务人员，加强我们的财务力量。三是探讨并完成投资性企业利润分配的最佳方式，即投资性企业收入来源的方式问题。四是对集团所有的投资项目和企业，进行定期或不定期的审计，协助或参与入股企业的资产清理工作，提高审计工作的质量，加强与工商、税务等政府部门的密切联系，保障企业的正常经营。积极引进先进的财务管理技术，逐步推行ERP软件技术，提高我们财务管理信息化、数字化水平。

各位同仁，2004年，是科瑞人豪情万丈地迈入第二个10年发展期的第二个年头，历史和现实向我们提供了无限的商机。只要我们团结一致、勇于开拓、敢于创新、善于学习、肯于付出，我们就一定能够迎来科瑞事业更加生机勃发的春天！

在成长和创新中再现奇迹 *

又是一个年轮交替的时刻，当我们撕下 2004 年最后一页日历的时候，科瑞的同仁们都在想些什么？是在为过去一年中的优秀业绩喝彩，还是在为自己的碌碌无为而反思？要知道，每一位员工为同一目标的行动集合成我们这个组织的力量，只有员工的优秀才有我们这个组织的优秀。

我们是一个群雁飞行的组织，展翅之际，就向着一个高远的目标。我们要不断地将企业的发展战略目标像芯片一样，置入每一位科瑞人的工作程序，在企业成长和创新中再现新的奇迹。

一、2004 年的科瑞

2004 年科瑞成绩

项目	增长率（与上年同期相比）
主营业务收入	53%
净利润	61%
缴纳税金	49%
资产总额	32%

* 2005 ~ 2007 年科瑞公司展望。

二、愿景

《领导者》的作者瓦任·贝尼斯说："愿景应该陈述组织的未来是什么样子。它应该把我们的心和我们的精神衔接起来；它是一项关于我们和我们的公司要创造什么样的主张。它是值得追求的某种东西；它给在组织中工作的人们提供共同的价值观。"实际上企业的愿景并不是先"望"到的，企业自身必须先具备"站得高"的能力。值得骄傲的是：我们有一个深谋远虑、善于任势的董事团队，清晰地勾画出了科瑞的远景蓝图。

科瑞已经将自己定性为一家产业投资性公司。如何来勾画我们的愿景、我们的使命呢？我提出这样一个表述：以股东利益为重，以产业强国为本，以资本增值为策，取势于社稷公德，求利于商贾信誉，打造企业旗舰，创建国际化产业投资控股企业。

三、理解战略

不谋万世者，不足谋一时。2004年，科瑞董事会审时度势，制定了公司战略，意义之深远值得我们深刻领悟。古话说："善弈者，谋势。不善弈者，谋子。"高明的棋手总是顾全大局，筹划全盘，攻守有度，稳操胜券。优秀的企业领导者首先是战略家。作为智者，科瑞董事会对中国民营经济形势的发展趋势，一向表现出超前的眼光和判断力，并对自身的实力有清醒的认识，对可以采取的对策有着完善的考虑。

将科瑞公司定格为产业投资公司，回答了"我们是一个什么样的企业"的问题。这是对科瑞公司多年形成的人才队伍、资源优势、知识结构、文化特征等多项因素综合思考后的理性定义。这里既蕴含了产业与资本的互动的商业模式，又阐明了产业强国的理念；既表达了创业者的豪迈，又划定了企业发展路径的边界。势、法、术融为一体，相得益彰。在未来的经营中，我们遵守的原则就是：咬住青山不放松，全神贯注于产业的投资发展。

四、经营目标

（一）产业目标

未来的三年，是科瑞向更高层面发展的关键时期。因为我们有了跨跃新台阶的基础。我们将坚定地实施产业投资战略，国际金融资本平台，借助多种金融手段，加大开关、果汁、制药三大领域的相关产业链扩张。2007年的科瑞，将是一个拥有三大重量级行业龙头企业和多家国际国内上市公司的大型投资控股集团。

1. 实现由电气开关向输变电设备制造商的转变

2004年，我们在电气开关投资领域，已经形成了平高电气、平高东芝和北开电气三位一体的“企业群”，无论从产品还是市场份额的角度看，我们在国内都占据了举足轻重的地位。去年，我们与日本东芝公司就输变电领域的合作进行了战略性探讨，双方形成了框架性协议。我们将在未来三年中，以全新的理念创立与东芝的合作经营模式，引进消化技术，将产业链伸展到整个输变电系统，进一步优化价值流，从产业能力再造和资源再配置中提升投资价值。

2. 实现浓缩果汁向食品产业的扩充

2004年，安德利在香港IPO一年之后增发成功，募资1.38亿元港币，市值提升到15亿元港币，成为国际资本热捧的领先股。去年完成营业收入5.7亿元，实现利润9173万元。安德利以其产业地位和资源实力，业已成为推动科瑞向食品行业进一步扩展的“发动机”。我们的目标已经变得非常清晰，当科瑞庆祝15华诞之时，我们将看到的是一个拥有多家境内外上市公司，以饮料加工为核心的食品加工王国——我们有能力在这个领域创造一个让世人赞叹的历史。

3. 实现从血液制品向生物制药业的拓展

2004年博雅、莱士共同实现经营收入3.4亿元，实现利润2602万元，已形成市场地位与品牌优势，进一步彰显出勃勃生机。

未来三年，我们将完成博雅、莱士的重组与香港上市，并进一步并购该行业中有影响的企业，积极而稳妥地向生物制药领域的深度和广度扩展。

4. 实现健康管理盈利模式创新

2004 年 11 月，科瑞健康与北医三院共同投资的门诊部开业，标志着我们在这个行业的投资已经完成。按既定的盈利模式运作、实现股东的资本回报已经成为工作重点。我们需要通过创造性的工作和艰苦的努力，逐步建立起有效率的、一流的营销体系和服务体系，用三年时间收回投资，并实现这种模式的连锁发展。

5. 实现瑞泽销售网络的体制再造

2004 年，我们按预定计划对北京瑞泽工程公司进行了重组，将全国瑞泽分公司的骨干力量凝聚在一起。瑞泽工程与瑞泽通信在新的模式下完成了 5000 多万元的销售，焕发出了新的生命力。未来三年，我们将延用这种模式，在自愿自主的前提下，形成同一股东群体向优势项目的集结，创造利益共享、风险共担的“企业联邦”。

各位同仁，科瑞集团是一个以产业报国、资本增值为自身使命的企业家群体。坚定的信念、创新的精神，将使我们在 2007 年之前，实现“三大产业帝国”的梦想。科瑞将以 50 亿元的销售规模和 10 亿元利润的产业回报，迈向 2008 年。

（二）金融目标

金融是百业之首。资金渠道、现金流量、资本退出三大要素构成对投资性公司的硬约束。由于中国金融改革的滞后，资本市场的畸形，加上政府干预金融模式的主导，民营企业被挤压在一个十分窄小的金融空间中挣扎。形象地说，我们过去是在一片金融沼泽中跳跃，去完成精彩的投资。“问渠哪得清如许，为有源头活水来。”未来三年，我们将下大力气，以多层次、多方位、多地域、多品种发掘金融源，打造长期稳定的产融互动的资金流动渠道。

1. 破茧化蝶，置身于国际金融与国际资本市场

2004年受国家宏观调控影响，各家银行纷纷压缩信贷规模，在巨大的资金压力下，我们积极寻求新的市场和新的方式：利用香港资本市场资源，为安德利增发筹资1.38亿港币；平高东芝、安德利相继与汇丰、工商东亚、日本银行建立信贷关系，充分使用美元贷款；世界银行所属国际金融公司（IFC）积极为安德利融资；集团与欧洲银行开始建立融资关系。科瑞历史性地跨出了传统的金融国界。年初，多个外资银行已获准在北京开办人民币业务，国际金融机构将于2005年在中国发行人民币长期债券，完全市场化的金融理念将冲击传统僵化的金融体制。我们清醒地意识到，重要的工作是将集团的经济系统、市场意识迅速提升到对接国际金融资本平台上来，建立与基金投资者、金融机构、投资银行之间的业务联系，充分利用买方信贷、贸易融资、政府信贷等多种方式扩大我们的力量。

2. 抢占资源，建立以保险为主体的金融平台

2004年，中国的保险业保持了整体快速发展的态势，涉及保险资金运用渠道拓宽的相关政策相继出台，其密度和力度都是空前的。而在资金运用范围上更是取得了实质性的进步。2005年，保险业将更深地渗透到社会、经济各个角落，保险资金将更为顺畅、高效地获得增值的机会，如直接进入A股市场、外汇资金境外运用、投资银行次级债券和企业债券比例放宽。因此，保险业不但可以为中国资本市场持续提供可预期的、流量稳定金额巨大的资金，更重要的是，保险将成为中国资本市场中最重要、最大的机构投资者。这样一个金融运行体与投资性公司将天然地形成双赢的互动。我们一直在致力于东方人寿保险的运作之中。这是极具战略价值的投资，不仅表现在强大的投资功能上，同时体现在效益和股权的增值上。

可以预见，未来几年的中国金融市场，将出现重组并购的高潮，把握银行这一稀缺资源，已是不可多得的机遇。作为有盈利

性、增值性潜力和适量融资手段的银行业，将是我们应该积极进入的领域。我们已经与国内有影响的民营企业共同选择了南宁商业银行进行投资。在创造效益的前提下，商业银行可以成为企业短期融资的一种补充手段。

3. 厚积薄发，积极推进企业进入直接融资通道

(1) 国际资本以其完整的价值评估、融资监管体系培育出无数知名企业。联想集团若不是立足于香港资本市场，恐怕很难完成对 IBMPC 业务的并购。我们在过去的工作中，逐渐与国际机构投资者建立了广泛的联系，科瑞的投资理念、投资眼光开始受到关注。香港、纽约股票市场孕育着极大的机遇，是我们产业走向国际化的最好舞台。我们将在两年内把血液制品企业推向香港股票市场。同时，我们还积极寻找机会，充分发挥国际资本市场的效力，通过股权购并，将国外同类企业纳入我们的战略框架。

(2) 国内股票市场由于先天缺陷，已经被日益边缘化。但是，这个躁动的市场在历经跌宕之后，开始趋于理性，真正优质的企业最终将被市场所认同。我们的唯一选择，就是通过企业再造，从而提升价值，不断用创新的方式实现投资增值后的价值变现，从资源重新配置中实现融资和滚动发展。因此，我们需要更具创造性的工作。

(3) 在直接融资市场中，股票、国债市场迅速发展的同时，企业债券市场却没有得到应有的发展。为此国家正在矫正“跛足”的资本市场：企业债券的发行改为核准制；逐步推进企业债券的利率市场化；放宽募集资金使用范围，允许民营企业发行企业债券等新政陆续出台，这些都将有利于我们实现产融结合的发展模式。因此，密切关注债券市场变化与寻求品种创新，无疑会对我们创建新的融资平台提供有利的条件。

(4) 在新的股权融资工具中，产业投资基金代表着今后的方向。事实上，产业投资基金在 20 世纪 80 年代末即已在国内出现。目前，国家的政策环境，市场环境都预示着产业投资基金的推出。

2004年，我们在基金的发起设立上做了很多工作。在此基础上，我们将加大力度，完成科瑞产业投资基金的设立。

(5) 金融衍生工具作为高端金融产品，在企业国际化进程中日益为风险管理需求所强化，实际上，有效地使用衍生工具，有助于防范市场汇率与利率的波动对企业的影响，这是我们走向国际金融市场必须学会使用的手段。

(6) 信托是金融产品的创新先锋。有效地使用各种信托产品和信托计划是间接融资中的一个极好补充。2004年我们在企业收购和项目开发上开始使用信托计划。随着金融市场改革的深化，信托产品将更加多样化，这将成为企业融资的有效补充方式。

科瑞从创业以来从没有放松过对金融的关注，不断在实践中学习创新，各种融资方式我们都作过有益的探索。从创业时的债券融资到信贷、私募、公募、信托方式，从债务融资到股权融资，从国内金融资本市场到国际金融资本市场，金融始终是推动我们科瑞前进的引擎。我们需要金融，但我们不会滥用金融，因为我们知道企业扩展的边界，我们会在金融平台上将集团的产业效率收敛在更高的均衡点上。

五、管理创新

盛田昭夫说："所有我们完成的美好事物，没有一件是可以迅速做成的——因为这些事物太难、太复杂。"飞速发展的时代潮流、瞬息万变的商业环境、与日俱增的竞争压力、日益扩张的市场期望，形成了一个接一个的挑战，这将有利于激发我们的优秀品质。为了美好的明天，我们从今天开始筹划15岁的科瑞，为时不晚。

(一) 建立科学的法人治理结构

三年并不是一个很长的时间，如果我们在管理上没有突破，我们就无法完成历史的使命。在过去的一年里，科瑞逐渐探索并实践了多层次企业法人治理模式。集团在一种相对规范的机制下运行。当然，为了实现我们的三年目标，在组织架构上与治理结构上要有更大的创新。

我们的设想是：科瑞集团公司逐渐演化成智慧型集约化组织，制定战略、对接资源、控制金融、决策创新。对所投资企业实行董事会成员与财务总监、行政总监双向派出的制度化科学管理。集团公司人员轮流下派到各个企业工作，形成集团与生产企业之间在人员、文化、管理、信息、知识、理念上的渗透与互动，创立管理上的内部循环回流系统，这种管理才是有生命力的。

（二）重视人才，打造一支有激情、有创造力的团队

美国当代管理大师杜拉克认为："领导人花在人的管理与进行人事决策上的时间，应当远远超过花在其他工作上的时间。因为，没有任何别的决策所造成的后果及影响会像人事决策与管理上出现的错误那样持久而难以消弭。"科瑞的发展得益于一支团结的、有责任感的、勇于创新的领导团队，得益于一支忠诚、勤奋、进取的经理人队伍。但是，我们始终没有建立起发现、培养、选拔人才的机制，这是严重阻碍实现三年发展规划的障碍。我们要不惜代价，开始建立起人力资源管理体系，重点招聘培养投资、财务、金融、信息管理方面的人才队伍。人力资源部要结合公司战略目标，制定出三年人才培训计划，建立起科瑞公司的第二、第三梯队，同时，创造人才成长的环境，形成公司内部的竞争，对不能出色完成公司工作的员工来说，这里应该是个毫不留情的地方。

2005 年，我们将设定员工等级制，激励有知识、有道德的年轻人以科瑞的事业为使命。如果你没有前进，就意味着你在落后，落后就意味着出局。科瑞应该是成就人才的舞台，每位科瑞人在这里"栽种思想，成就行为；栽种行为，成就习惯；栽种习惯，成就性格；栽种性格，成就命运"。

（三）不断完善公司分配、激励机制

科瑞集团在 12 年的发展过程当中，积累了大量的管理经验。

在业务发展的同时，制定并完善了企业的各项规章制度。其中，分配体系是公司最基本、最重要，也是最难以完善的系统工程之一，每年我们都在为此不断改进和提高。例如在2004年，集团公司就将绩效工资引入到了员工工资体系当中，使每位员工都能通过自己的努力，来分享公司发展后的经济利益。今年开始，我们还将分层次、分种类、分指标来细化分配、奖惩办法。对不同投资的项目公司经营班子，制定不同的考核指标，与个人利益密切挂钩。在公司的发展过程中，完善我们的分配制度。

各位同仁，我们幸运地成长在一个伟大的时代，但这并不保证我们一定能成长为一个伟大的企业。一个伟大的企业既要有清晰的战略，也要有实现战略的执行能力，这一切都取决于我们每一个人在不同的岗位上，以平和的心态，务实创新，认真负责，使个体的最优转变为全体的最优。只要我们做到了这些，科瑞就会创造新的奇迹。

造就一家很“酷”的公司

2006年是科瑞集团创立的第14个年头。科瑞的年度工作会议也已经开过13届。回首过去，每一次会议我们都得到了新的收获和感悟，每一次会议都激励我们以更加饱满的热情投入工作。作为公司营运的主要负责人之一，每当我站在这个庄严的讲台上向大家汇报工作，心里总有些忐忑不安。这种忐忑和不安，不是因为我们的企业没有发展好，而是在企业运行的过程中，我们还没有获得足够的安全感。正所谓“如履薄冰，如临深渊”，这种危机意识，犹如一柄高悬的利剑，每时每刻都在提示着大家：要警醒，要努力，要不断地开拓和创新。比尔·盖茨说过：一个企业的倒下只要一周时间，哪怕是微软这样的公司。美国商务公司的老总也说过，没有哪一个CEO能够连续两年去海滩上晒太阳。也就是说，没有哪一家公司是绝对安全的。因为我们处在一个竞争激烈的市场环境当中，犹如逆水行舟，舟非水不行，水入舟则没，必须时刻保持高度的忧患和危机意识。

一、三大产业：效益为第一指标

我们的企业在2005年的业绩究竟如何？科瑞目前的状态是健康的，还是亚健康的？我们为股东做出了哪些贡献？科瑞今后的路应该怎么走？这些都是我们现在就必须做出回答的问题。

2005年，我们的三大产业完成的总收益较上年增长43%，资产总额较上年增长14.48%。其中，平高电气实现销售收入增长32%；安德利实现销售收入增长15.7%，利润略有下降，是由于全球性苹果歉收所致。即使在遭受灾害的情况下，安德利仍能保持这样的业绩，不愧是同行业中的佼佼者；江西博雅实现销售收入和利润都比上年有所增长；上海莱士的2005年是个丰收年，销售收入和利润水平的增长幅度是非常令人鼓舞的。

计算收益还有另外一种方式，那就是以股权的增值水平来作衡量和分析。

2005年，平高电气股价一路攀升，犹如A股市场的一匹黑马，企业市值也随之大幅攀升。如果时机恰当，这块股权收益的变现将会成为一项可观的企业收入。安德利的股价保持基本稳定。由于前一年的股价上涨幅度比较大，2005年的全年股价基本上维持在同等水平。平高电气和安德利果汁这两家上市公司的市值，已经达到了15亿。同时，我们正在为生物制药企业上市做积极准备工作。

2006年，A股市场的股权分置改革将全面完成，这就意味着中国A股的历史遗留问题将要得到解决，我们的股市就能正常地与国际接轨，成为全流通股市，不再为国有股、法人股、流通股、非流通股等等问题所困扰，股东和一般股民的利益是一致的，退出机制也是一致的，从而实现完全的市场化运作。到那个时候，企业的股价将真实地反映企业的投资价值。

去年，瑞泽工程的效益状况继续看好，实现销售收入和利润都比上年有了长足进步。经营班子在企业非常艰难、资金量规模不大的情况下，仍然保持了企业的良好发展态势，在企业运作模式上也深有考虑。初创阶段的IBM公司，与我们的瑞泽有很多相似之处。托马斯·沃森是在40岁的时候开始创业，从考勤机、打印机着手，一点一点地做下来，只要发现有好的、领先于市场的设备，就想方设法地组织生产和推销，不断坚持发展，经过几代人努力，终于成就了IBM目前这样一家世界级的企业巨头。因此，我们要想使企业保持长远的发展，企业的老总，尤其是一把手，必须要有自己的独立思维，依靠创新的模式来推动企业的进步。如果因循守旧，没有创新，就只能去做那些市场上竞争比较激烈的产品，无须太长时间，企业就可能被社会淘汰。所以，瑞泽今后还应该在创新和探索的道路继续走下去。

我们在2004年投资的一些项目，2005年开始产生效益和回报，最突出的例子就是江西城开投资公司。这是由郑跃文董事长联合多家具有相当实力和成功运作经验的公司，共同组建的一家优秀企业，并将市场运作重点放在发展南昌的房地产开发上。这是由一个创新思维带来的创新举措，在江西引起巨大反响。只要提起江西城开，大家都认为是一种真正意义上的强强联合，也是在用一个全新的模式来运作房地产业。城开自创立之后的仅仅一年多时间，就已经取得累累硕果，并且获得了近5000亩城市周边的土地开发资源。这些土地资源的获得来之不易，显示出企业非凡的运作实力和战略眼光。就是在这样一种大手笔的运作过程当中，企业还积极抓紧了对具体项目的强力推动。最初的1200亩土地，只用了短短一年左右的时间，就完成了首期楼盘的建设，并在2006年元旦推出500套新房上市销售，开盘当日即售出300多套，非常抢手。据有关媒体报导，元旦那天南昌的大街小巷都在议论城开楼盘的热销。这就是一个非常好的创新实例。同样是做一个项目，同样是做一件事情，不同的人，用不同的思想来运作，就会产生截然不同的效果。

总结科瑞集团2005年的工作，效益为第一指标，从数据的变化来看是最有说服力的。如果从企业的成长趋势来看，又有很多经验教训是不能光靠数据来说话，而是需要我们通过思想来碰撞，需要大家共同来交流、探讨和思考。我们不仅要看到成绩，还要真正领悟取得成绩过程中的创新思维方式。做企业是一件非常不容易的事情。例如，科瑞健康管理是一个非常好的项目模式，但在运营中出现一些困难，正处于关键时期，但却不乏亮点。我们的体检业务量的增长就比较快，北京的几大金融机构都选择在我们的上地门诊部进行体检，并且很可能成为长期客户。在运作思路上，健康管理项目已经根据市场情况做了很大调整。我相信，只要积极开拓，稳妥推进，始终保持创造性的工作态度，在未来的一两年内，健康管理将很有可能成为我们又一个重要的投资回报来源。

二、五项举措：发展是第一要务

2005 年，我们科瑞的各级员工们吃苦耐劳、敢打敢拼，确实打了几场漂亮的胜仗。这些成绩的取得，现在总结起来，主要来自于以下五个方面。

（一）强化投资管理

一个项目在实施投资以后，如果能够继续进行精细化的管理，往往会起到画龙点睛的作用。但是，究竟应该通过什么样的模式来对投资项目进行管理，这个问题在提出和想象的效果之间，往往存在很大的差距，也由此困扰了我们多年。

2005 年，我们决定通过董事会和监事会的渠道，选择派出财务总监和行政总监的办法来进行管理。但是，这些办法的具体落实并非想象中那么容易，实际操作当中会出现许多情况，还要克服不少困难。尤其涉及到上市公司，我们派出任何一个高管人员，都必须对外公告。2005 年，我们外派的财务总监和行政总监，已经开始挑起大梁。包括在安德利果汁、平高电气、上海莱士和博雅公司等企业，科瑞派出人员的工作都取得了很好的成效，他们不但独立地撑起了自身工作的那一片天，而且获得了派驻企业的广泛好评，确确实实为派驻企业，同时也为科瑞做了非常有益的工作。相反，如果我们不派出人员，往往就会面临三大难题：第一是信息不对称，很难获得第一手的真实资料；第二是维护股东利益不及时，不到位，总是隔靴搔痒；第三是在经营过程中，企业如果出现一些急需解决的问题，不容易得到及时反馈和处理。

2005年，我们在对投资企业管理模式的改造方面收获甚大。甚至可以毫不夸张地讲，2005年是科瑞投资管理改造的一个丰收年，我们派出人员发挥了重大作用。对他们辛勤而又卓有成效的工作，我代表科瑞经营班子表示诚挚的感谢。

（二）加速产业拓展

科瑞在投资电气行业之初，只是单向地针对着开关这一个领域。2005年，包括郑跃文董事长在内的董事会成员，开始进行深入的探讨——科瑞是否应该从单一的开关领域，向输变电主流设备这样一个更广阔行业的开拓。在“十一五”规划当中，仅国家电网改造的投资即达1.2万亿元，市场容量非常可观。在这项大规模的运作当中，需求的主要设备就是开关和变压器。为了在这个领域进行拓展，我们的投资公司想了很多办法，并且锁定了一些目标企业。2006年，我们有可能把科瑞的产业链，扩展到包括变压器在内的输变电行业的主要设备当中去。

在浓缩果汁行业，我们也一直试图在果汁的品种、种类方面进行突破。但是，由于市场方面的一些原因，这个想法的具体实施仍然存在相当难度。2005年，我们的安德利果胶项目正式开始建设，总投资4亿元左右。果胶项目在目前的国内市场上还是一个空白。如果我们能够成功推出果胶产品，那么，安德利就有可能成为世界级的公司。目前，果胶公司的同志正在刻苦努力、日夜加班，他们希望能在2006年内实现果胶项目的正式投产。在农产品加工行业，我们也在进入一家具有相当实力的、从事农产品资源深度加工的西部企业。能够进入这家企业，就意味着我们成功进入到了一个非常具有发展前景的领域，有利于我们今后在农产品加工方面大显身手。

战略是一个比较宏观的概念，但是，战略的实施却要靠我们一步一个脚印，去做扎扎实实的工作。我们现在进入农产品加工领域，可能有些人会不太理解。如果能够以战略的目光来分析，就会发现我们实际上是在进行“布点”。只有把“点”都布好了之后，才能把线画直。由点到线，再由线到面，发展前景就会越来越清晰。由此，科瑞集团2005年的产业拓展，已经开始一步一步打下良好的基础。

（三）扩大产能规模

截至目前，安德利果汁已经拥有6座工厂，这还不包括即将建成的果胶项目。在这其中，2005年的一年之内就有两家工厂投产，使得安德利的年生产浓缩苹果汁达到了13万吨，一举成为全球规模最大的浓缩苹果汁生产企业。

平高电气在2005年出现了产品供不应求的局面，仅平高东芝未完成的合同额，目前还有20多亿元，平高电气也有近10亿元的订单没有完成。按照目前的生产能力，PTC（平高东芝）在当初投资建设的时候设定为每月1亿元的产值，即使满负荷生产，一年最多也只能完成13亿元左右。这样的一个数字相对于超过20亿元的订单来说，生产能力显然严重不足。所以，筹建新的生产基地也就迫在眉睫了。进入2006年之后，这两家企业都要争取实现新的飞跃。还记得我在“2005年科瑞集团工作会议”上作报告之前，郑总要求我对未来三年的发展做一个远景规划，当时我们预定2007年的销售额应该达到50亿元。能否实现这个愿景，2006年将成为非常重要的一年。根据目前的发展态势来分析，我们实现这个目标的把握是越来越大了。

（四）推动金融创新

我们国家目前的总体存款规模达到了28.7万亿元，2005年底的储蓄存款额突破了14万亿元。中国有13亿人口，这就意味着人均储蓄存款超过1万元。中国外汇储备为8千多亿美元，正在超过日本位列世界第一。银行可用资金高达6万亿元左右，我们的金融资产运用水平很低。在一个并不健全的金融体制下面，企业要想生存，如果没有其他手段可以借用，就只能依靠金融创新。这种创新在宏观上可以理解为国民经济的改革发展，但具体如何实现，要看企业是否具备创新型的金融人才。2005年，我们为此进行了多方位探讨。如果单纯依靠国内金融和资本市场，不足以支撑我们的企业发展。因此，我们与国外基金、投资银行和境外的大型金融机构进行了对接，并且取得了良好的进展。譬如，一些著名外资银行已经准备按照全新的金融模式，支持安德利的发展。其发起机构不但有国际性的大型银行，而且联合了多家跨国性的金融机构，愿意为安德利提供新的融资手段。这些外资金融机构还准备在输变电领域与我们合作，同时考虑在开关行业支持科瑞的发展。另外，欧洲的有关银行与我们的合作去年也已经实现。下一步，我们还要继续增加安德利在境外的筹资手段。对于科瑞集团自身发展资金的需求，我们筹措的方式也处在多向性解决的过程当中，尤其针对科瑞在产业扩张和发展方面需要的资金，已经有了多项非常好的解决方案。

（五）丰富融资手段

为了减少间接融资的比例，国家有关部门在经过谨慎研究之后，去年推出了短期融资债券这样一种新方式。由于这是银行之间的一种融资方式，环节少，成本低，相对比较安全。目前，已经有两家浙江的民营企业进入，我们也在积极申请当中，进入的希望很大。在短期融资的工作上，我们一直在努力为集团进行创新性的探索，并取得很好的效果与突破。作为中国金融改革、金融创新的一种方式，短期融资债券推出之后，企业债券预计也将相继出台，包括资产证券化在内，目前都在积极尝试当中。国内的金融市场发展很快，融资方式的创新形式日益丰富，我们需要不断跟进，按照投资公司的特点，根据科瑞未来发展的需要，积极完善和丰富企业的融资手段。我们在2005年就此进行了有益的尝试，对公司原有的负债结构和期限作了积极调整。当然，任何一项成果的实现都不可能轻而易举，必须经历一个相应的时间过程。因此，我们在2006年的任务依然非常艰巨。

三、资本运作：创新乃发展之源

根据2005年企业指标完成情况估算，预计在2006年，科瑞的整体营运收入还将实现较大幅度的增长。与此同时，实业项目的产品利润和集团自身的投资收益水平，都将同步实现新的突破，一些新的投资项目将陆续完成。

英特尔公司创始人安迪·格鲁夫的名言"只有偏执狂才能生存"，给过我极为深刻的印象。举世公认的"偏执狂"达利在哈佛大学发表演讲时说的"我与疯子最大的不同就是我没有疯"，其含义之深，耐人寻味。所谓的偏执狂，一般人看来与疯子相去不远。但其真正的含义，是在于凡事讲求尽善尽美，不达目的决不罢休、置之死地而后生，以及"壮士断腕"般的决心、态度与精、气、神。我们作为企业投资工作者，也应该有"偏执狂"和"拼命三郎"一样的执著态度，时刻保持与合作者们和那些跟我们的投资行为相关人员的密切交流。过去的有些项目，之所以旷日持久却未能完成，其中自有国内市场环境特殊性造成的一些客观因素，但必须引起大家警惕和反思的是：我们的主观能动性是否充分发挥出来了？我们的工作是否真正做到细致深入，做到"偏执狂"那样的境界了？如果不能达到这种境界，我们的企业就难以在市场上生存——因为，"只有偏执狂才能生存"。我希望，凡涉及有关项目的所有同仁们，都应该更加深入的研究，认真总结经验教训，以全新的精神风貌，把2006年的投资工作做好。

科瑞应该如何发挥资本运作的优势？这绝不是一个寻常的问题，而是一个必须引起大家高度关注的重要课题。

2005年，我们的资本运作开展得并不理想，所获收益与企业性质不相匹配。科瑞作为一家投资型的企业，如果仅仅依靠产品经营的利润，无法支撑企业的正常运转和长远发展。只有充分发挥资本运作的优势，才能使企业获得更加长远的发展机遇。2006年，我们在资本运作领域还要拿出更具操作性的规划，选择恰当的时机，针对相应的市场，完成有关资本项目的退出任务。资本运作包括很多方面，譬如：如何创造企业的股权收益、如何提高股东权益、如何增加企业市值、如何从已经增加的市值当中真正受益。我们对这些方面目前还研究得很不够，2006年必须大力加强。

一段时间以来，党和政府通过各种场合，强调要建设创新型国家。这是一个真正具有划时代意义的设想，是从国民经济长期发展的实践当中总结出来的经验。众所周知，国民经济增长的三大支柱，在于投资、出口和国内消费。但是，改革开放以来，我们更多的还是依靠投资和外贸来拉动经济增长，国内市场的消费并没有得到足够的重视。因此，表面上国家的GDP增长很快，但人们的生活水平却并没有得到相同水平的提高。用有些人士的话来说：我们的产业和出口其实是一种“血汗密集型”方式。很多企业都是通过简单加工的方式来实现出口，所提供的产品具有明显的可替代性，没有独立的技术创新品种，没有足够的技术含量和自主知识产权，所以，经常遭到美国以及欧盟等进口国和地区的反倾销。前段时间，欧盟要对中国轻纺产品进行无端制裁，甚至出现欧洲人烧毁中国商人仓库的现象。因此，大家越来越清醒地认识到：单纯靠廉价劳动力在国际市场拼搏的道路已经走不通了，总有一天我们的民族企业会碰得头破血流。在这个时候提出建设创新型国家的设想，是非常及时，也是非常必要的。从全球市场格局看，在8.5万个世界级的品牌产品当中，90%为发达国家所拥有，而名牌产品在这些品牌当中只占有3%的比重，但在全球市场的销售总额当中却占有了高达50%以上的份额。其实，所谓的名牌产品，在相当程度上都是依靠技术创新制胜的。

从我们企业自身来看，科瑞正在面临一个非常好的发展机遇。我们在电气开关行业已扎根深入，纵横捭阖。但是，今后如果不在技术上抓紧进行创新发展，无须太久，幸运之神就不会继续眷顾我们。中外合资曾经是改革开放初期非常热门的话题，究其目的，其实就是想以我们的市场来换取人家的技术。现在看来，让出市场不仅没有获得技术，还培养了无数的竞争者。在这个方面，阿根廷是最典型的例子。在外资大量涌入的时候，却没有适时培养出拥有自主知识产权的国内企业，所以在国际市场上的竞争力非常有限。一旦市场情况发生变化，外国资本就迅速撤走，这就形成了国内“经济空心化”。目前，在我们国内的一些地区，也正在出现类似的状况。因此，我们科瑞旗下的企业，必须加快技术创新的步伐。过去的一段时间，我们跟日本的有关企业也在进行战略合作的研讨，凡涉及技术的引进，就很难深入。如果我们自己不搞技术创新，就是死路一条，中国的民族产业很有可能就此“趴下”。我们做的是实业投资，更要有充分的创新意识。多年来的合资经验表明，由于技术落后，国内企业已经付出了巨大的合资代价，光靠一个“合资”的方式，就想把人家的技术给“合”过来，实践证明是行不通的。因此，我们今后还应该充分利用已经拥有的资源，大力研发属于我们中国人自己的新产品。

我们不但要关注企业外部的发展环境，还要密切关注新经济的发展趋势。一段时间以来，中国的民营企业为了自身的成长，确实开展了许多创新的活动。据有关方面的数据显示，凡是已经出现的新经济，往往都在民营企业。创新发展的诸多方面，不少民营企业都已经走在了我们的前面。对于新经济来说，高新科技是动力之源，信息领域是产业支柱，创新经营是核心理念，创造型人才是发展基石。新经济是一种可持续发展的经济模式，也是主宰人类社会未来方方面面的“朝阳经济”。过去，科瑞主要是在传统的产业领域当中投入了很多精力，这种传统领域的投入为科瑞的长远发展奠定了非常扎实的基础。但是，随着时代的发展，我们必须要密切关注新的经济增长点，把握时代进步的脉搏，跟上社会潮流不断向前走。创新需要资金，更需要一个好的资本运作主体。中国新经济类型的企业，大多都在纳斯达克上市，相信在未来不长的时间内，我们国家也会有新的政策出台，以更强劲有力的手段来推动新经济企业的发展。作为一家长期在投资领域进行运作的企业，我们科瑞起码应该使用10%到20%的精力，来关注和支持新经济的成长。

在投融资的模式上，我们既要拥有饱满的创造热情，也要努力保持企业在相当程度上的稳定性。作为投资性公司，如何才能建立长期稳定的融资模式，是我们一直都在积极探讨的课题。在我们投资运作的地区，科瑞始终得到当地政府的信任和支持。江西省政府力邀我们筹建人寿保险公司。这对地方经济建设是一件好事，对科瑞的稳定发展也是一件好事。人寿保险公司的创建成功，将是我们未来事业发展的重要资源平台。科瑞的中高层运营人才队伍，具有丰富的财经知识素养，深谙金融性企业的运作之道，完全有能力推动人寿保险公司这样的企业实现投资内涵的拓展。人寿保险的投资领域从债券、基金、A股市场，很快就要跨越到基础设施建设、直接产业投资市场。保险公司功能将会逐渐放宽。因此，保险公司若能尽快筹建起来，对科瑞也将是一个很好的机遇。国际上很多大的投资银行就是依靠保险资金做坚强后盾。从企业长远的发展利益来看，这一类型的保险企业，我们早晚都要进入。然而，早进入毕竟占有先机。

对商业银行的投资是延续上年的一项重要工作。如果环境允许和条件成熟，2006年还应该选择几家合作伙伴，以正常的投资者心态进入这一领域，展开实质性的合作。回顾2005年，曾经有一轮抢夺中国金融股权的热战在国内爆发，上至中国最大的国有银行、下至地方性的商业银行，无不留下国际资本的身影。就连一些很不起眼的证券公司，一时间都变得抢手起来。这是因为，国际资本的巨头们已经看见了中国金融行业的未来走向。即使从现在的水平上来看，金融行业的利润也普遍高于社会的平均利润，当然也比一些产业利润要高很多。前段时间在与一些商业银行的老总们交流的过程中得知，2005年国内商业银行的整体利润都比较可观，有的商业银行在北京的一个分行，才设立几年时间，其利润都超过数亿元，由此可见，今后的金融行业还会继续“发酵”，成为国内一个举足轻重的大产业。作为未来的一个投资选项，我们当然应该进入金融领域。正如产业有大、中、小板块之分，未来的金融机构也将有大小之别。小的银行当然要“服侍”小公司，大的银行更多是要服务那些大的企业。不久的将来，国内金融领域的运行结构，也将形成一种多元化、多层次的体系，对此我们必须保持足够的重视。

广泛利用国际融资平台，选择多样化融资方式，最大程度地保障发展资金，是2006年的一项重要工作。与此同时，还要继续调整好企业资产结构，降低短期融资额度。由于历史原因，国内企业融资大多以短期和流动资金贷款为主，这种情形延伸到企业内部之后，其债务结构往往呈现单一性和封闭性。为改善这种状况，财务部和金融部在2005年做了部分调整，今年还应继续开动脑筋，逐步降低短期融资比例。

我们有必要，也有能力创立自己的产业投资基金。美国是世界经济的领头羊，从金融结构的分析中可以看出，他们的基金运作总额要大于储蓄存款总额，而我们中国的情况却恰恰相反。尽管现在国家有很多政策上的限定，但无可否认，基金模式是将来社会公众可选的最佳投资方式之一，也是科瑞作为一家投资公司最稳定、最有效的资金来源。基金是一项富有生命力的事物，前景远大，充满希望，我们还应对此多下功夫。

四、展望未来：造就一家很“酷”的公司

未来的科瑞，应该建设成为一家具有中国市场特色的实业投资性公司。在经济发达的西方国家，主流投资公司主要包括两种模式：一种是投资加管理模式，最成功的是GE（通用电气）公司，其代表人物是世界级的著名企业家韦尔奇。第二种是投资加财务回报型的公司，摩根斯坦利和高盛都是这种类型的成功代表。我们作为在中国的市场环境下成长起来的投资公司，长期处在中

国特有的资本、金融和市场条件约束之下，是否能够照搬国外的上述两种模式呢？市场环境不一样，产生的经济体也就不一样。科瑞要在今后的长期实践过程中，积极探索出真正属于我们自己的一种企业模型，努力创造出一个能够适应中国环境，同时具有科瑞特色的投资公司。

所谓科瑞的特色，着重点主要落在实业增值的方面，要么通过产品的“推出”来实现利润，要么通过资本的“退出”来实现增值。如果说还有另外一个途径的话，那就是在金融领域的投资，通过金融手段的服务，或者通过金融股权的增值，来促进企业的发展。在实业和金融这样两个方面的探索，我们今后应该深入到何种地步？是在深入实业的同时切入金融，还是成熟一个，退出一个？这其中有很多方面值得我们认真思索，仔细研究。只有那些勤于学习，又能与时俱进的企业，才是真正具有强大生命力的企业。企业的学习必须是应用型的学习，必须按规律办事。

有位企业家说过这样一句话，我一直很喜欢，并以此作为这次报告结束语，与大家共勉：我们共同在为一家很酷的公司工作，这家公司有很酷的产品，很酷的思想，会做很酷的事情！谢谢大家！

用转型凝聚的力量推动科瑞前进 *

有一本名叫《世界是平的》（*The World is Flat*）的书，在全球范围内流行。它不仅挑战着人们固有的常识和想象力，而且迅速将哥伦布苦心经营的理论推到一边，让所有人津津乐道。在2007年这个充满希望的、科瑞即将迎来创建15周年的年份开始的时候，我想引用书中的这样一句话："如果你从沙地上跳起，另一个人从硬木上跳起，谁会跳得更高呢？当然是那个从硬木上跳起的人。信任就是那块硬木。"

为此，我首先代表科瑞经营班子的全体成员，感谢集团股东和董事对我们的信任，在2006年给了我们跳得更高的机会。

解读2006年

2006年，科瑞三大产业的业务收入比2005年同比增长26%，盈利水平比2005年同比增长28%，向国家交纳的税收达到2.5千万元，比2005年同比增长50%，仅仅是三大实业，每天缴税就达70万元，如果加上银行利息，这个数字将更加可观，说明我们科瑞为国民经济发展是做了一定贡献的，同时也能看到，产业投资决非易事。其中，平高电气2006年各项指标增长幅度很大，资产

---

* 在"科瑞集团2007年工作会议"上的报告。

总额达到了31亿元，实现利润与上年同比增长幅度达到近48%。近几年来，平高东芝的飞速发展，带动了平高电气的整体提高。平高东芝的成长过程，充分凝聚了科瑞人对产业投资的智慧与心血。平高电气2006年交纳税金比例大幅度上升，比上年同比增长近60%，大大高于其他经济指标的增长，这样一个增长幅度的背后，给我们以启示：投资的地域选择十分重要。

2006年，安德利实现利润比上年同比增长120%，税收增加242%——这个数字也很惊人。安德利的资产总额已经超过了18亿元。博雅公司是近几年来发展比较快的一个企业，2006年实现利润同比增长达到近99%，企业应收款的状况也有了非常大的改善。还记得科瑞最初进入博雅之时，面临的一个主要问题就在于应收款，严重影响到企业现金流的状况。如今看来，博雅的现金流的指标越来越好了，这主要是在洪大诚董事长和徐建新总经理的带领下，企业全体员工兢兢业业、奋发努力的结果。莱士公司2006年的年利润继续保持稳步增长，尤其是在降低企业运行成本方面下了很多功夫。目前，血液制品行业的竞争主要集中在浆源方面，行业主管部门出台的政策表明，今后的浆源都要归企业管理，以改变过去由政府事业单位实施管理的模式，因此，对浆站的争夺在2006年几乎达到了白热化程度，血浆收购价格也随之大幅度提升，直接影响产品成本。在企业运行成本不断增加的情况下，莱士公司2006年的利润仍然实现了增长。除三大产业之外，瑞泽工程和通讯等企业也保持了一定幅度的利润增长。

从资本市场观察，平高电气在2006年的股票价格增长非常快。购买平高股票的广大股民在2006年有一个非常不错的收益率，同时也说明，平高不愧为代表行业发展的一家龙头企业，国内的基金和证券机构对平高未来发展都抱有充分的信心。2006年，平高的重点工作成绩显著，其中最引人注目的就是100万伏特高压项目的开工建设，引起国内同行业的广泛重视。由于平高电气掌握了特高压开关产品的核心制造技术，成功研制出

1100KVGIS 和 800KVGIS 的产品样机，有关部门已将平高列为国家电网百万伏生产基地，并且平高在 2007 年 1 月份成功获得第一份百万伏特高压电器合同订单。与此同时，PTC（平高东芝）的利润增长非常快，其部分产品在行业内具有很强的竞争优势，处于领先地位。随着国家百万伏特高压骨干网的建设，平高东芝产品的垄断优势将进一步显现。目前 PTC 的二期建设已经动工，将在 2007 年 9 月建成。建成之后，PTC 的生产能力和利润水平必将得到一个更大幅度的提升。

安德利的股票价格在 2006 年曾经有过回落，但随即逐步提升，在果汁行业始终保持领先地位，增长率相对平稳。其中最大的亮点，就是果胶项目的试产成功。张安明是果胶项目的领头人，他们与外国专家一道，在很短的时间内，成功实现了国内第一条现代果胶生产线的安装调试和投产。果胶项目上马之前，大家对其风险性有充分的认识。在西方封锁技术，国内又没有经验可以借鉴的情况下，安德利果胶能够试产成功，难能可贵。目前出来的产品比中式的情况还要好，包括日本在内的一些国外公司都对我们的产品很感兴趣，国内许多企业也在与我们的果胶公司联系，预计未来市场情况将会越来越好，2007 很可能实现突破性发展。

科瑞对江西城开的投资已经进入了第三年。目前，城开建设的速度非常快，仅国际学园一个项目，总占地面积就达到 1128 亩，总建筑面积 80 多万平方米，2006 年开工面积达 19 万平方米，已经实现的销售收入达数亿元。吴主席和万欣老总都去看过国际学园的房子，确确实实盖得很好，如果大家有意愿在江西投资买房，这个项目将是一个非常好的选择。当然，江西城开 2007 年的经营还是有不小压力的，不仅项目自身的运作要保持稳健和快速，还要按期开始向股东提供回报和分红。任何企业的项目经营，都必须以投资回报作为终极目标，这其中包括对社会的回报，对企业的回报，更应该包括对投资人的回报。因此，我们科瑞人必须时刻牢记的一点，就是要把投资回报放在一个中心位置上，怎么强调都不为过。这也涉及到如何总结和提高科瑞投资模式的问题，如何发现和培养市场上最能干的投资经理人，如何集中我们的力量，与合作者们一道去创造更好的、更高回报率的项目投资。科瑞的发展战略既然已经确认我们是一家投资型的企业，争取更大的投资回报，应该成为我们企业运作的核心。对原有的运作模式要做出调整，不再简单强调绝对的控股权，要强调多样化的股权结构和精细化管理，获得更大的自由度，使科瑞投资的意识更加专注、投资的视野更加开阔、投资的力量更加集中、投资的态度更为理性。

解析 2006 年

2006 年是科瑞发展走过的第十四年，也是科瑞自成立以来的重要创新年和“产业转型”年。尤其是中国资本市场在过去一年来暴风骤雨式的改革浪潮，引发了我们积淀已久的创新活力。科瑞人在变局中执著前行，求新求实，整合原有产业，重点完成多项投资价值的实现。

（一）实现产业投资价值

科瑞要想成为一家真正意义上的投资企业，不仅要会“买”项目，更要学会如何“卖”项目。任何企业的经营，都是建立在买卖交易的基础之上。科瑞经营的是资本，一种以项目或企业为载体的资本。这与简单商品运营的资金不同，周期长，配置复杂，交易难度大，必须具备高超的机会把控力与娴熟的销售技巧。2006 年，董事会给了我们一个十分清晰的理论：任何投资，从它投出之时就是收回之日。我们选择平高，是准确做出评估后，才突然发现，科瑞人的投资能力确实有许多独到之处，所投资的项目也确实有许多比较优势。国内外许多著名投资公司和业内投资人，都与我们频繁接触，其中包括一些国际上的大买家和跨国公司。由于国内引进外资政策突然变化，我们只能将重点放在了国内企业上，直到 10 月份才终于完成主要合同文本的签订。这其中的实质意义就在于，科瑞做了一个产品，放到市场上之后，有人愿意认购，甚至有人愿意抢购，这是对我们多年投资成果的肯定。郑跃文董事长经常强调的投资三部曲，即“发现价值、提升价值和实现价值”。用一个最简单的比喻，就像产品加工，从买原料开始，到生产出产品，再放到市场上销售。2006年，我们实实在在地主动完成了投资循环中的最后一个环节。

在中国的投资型公司里面，像科瑞这种类型的企业有其独到之处。我们在经历了14年的发展之后，直到今天才完成了这样一次真正意义上的投资循环。郑跃文董事长在谈到科瑞企业精神“新八字”的时候，特别强调了“共赢”的概念。政治上有单赢，商业上有双赢。多赢则是商业运作上的至高境界。科瑞进入电气开关行业后，是面对一家濒临破产的国有企业，我们做了很多功课，解了很多难题，最大可能地发掘企业员工的创造力，使富于创新性的科瑞文化与之紧密融合，改造成我们国家输变电行业当中最具竞争力的企业。例如，PTC最初的运作状况其实并不理想，连续三年亏损，而现在却已经发展成为东芝在中国投资的项目当中最好的公司之一，其创利能力和行业地位获得了政府、市场、业内人士和投资各方的一致赞誉，从而真正实现了“共赢”目标，这些充分证明了科瑞的“软实力”所在——任何一家企业，如果要评价其实力水平的话，不仅是看其“硬实力”如何，更重要的还在于“软实力”的高下。科瑞富有的许多软实力，大家平时可能并不太注意，但正是这样一点一滴的平时积累和渗透，在无形之中不断发挥作用的“软实力”，提高了企业的整体水平，使得科瑞人走出去与各界朋友合作，无论国内还是在国际市场上，都能在一种相互尊重、相互理解和相互支持的氛围中，共谋发展，最终实现“共赢”。

（二）转入新的行业领域

2006年是科瑞的产业转型年。我们不但从以往投资的产业领域中有所退出，更有所进入。其中，在新进入的地产领域科瑞在2006年已经创下了不凡业绩，但更加引人注目的是，我们已经开始进入像钨钼开采这样的一些资源性行业，并在这个领域获得了越来越多、越来越好的投资机遇。有些机遇我们已经紧紧地把握住了，还有更多机遇也在谋划的过程当中，预计在2007年将会形成更加理想的投资成果。如何进入资源性行业，我们以往曾经做过很多探讨，目前已经成形的一方面，主要是在有色金属领域，如钨钼矿、铅锌矿，甚至包括金、银、铜矿等等。科瑞精神“新八字”当中，还有一个“高效”的概念，在2006年就表现为产业投资转型的高效率和高速度。成熟的投资人，不但能够快速退出，还要快速进入，要在第一时间抓住机会，绝不轻言放弃。当然，讲“高效”并非一味强调速度，在看准了机会之后，还要慎重考虑如何进入，尤其是进入到一个全新的行业，行动要非常快，但步子也要非常稳。科瑞在2006年进入的这几个资源性项目，正是因为不但在速度上高效，而且在步伐上稳健，所以将很快产生效益。从项目运作角度考虑，我们的投资不能脱节，不能因为从某个投资领域退出，就使产业资源被架空，企业失去盈利点。今年的工作会议上大家看到很多新面孔，这就证明，更多新生力量正源源不断进入科瑞人的队伍，因为我们的产业领域扩大了，人才资源更加丰富了，不但有三大传统产业领域的人才，又有了房地产领域、矿业领域和新的金融领域等各方面人才。2007年，我们的重点工作之一，就是在成功实现产业投资转型之后，如何凝聚好这样一支新的人才队伍力量，使转型以后进入的新产业尽快产生出新的效益。

（三）推动“走出去”战略

2006年，郑跃文董事长在担任全国工商联副主席的职位上，为推动民营企业“走出去”的战略，做了许多卓有成效的工作。“走出去”战略，实际上是我们国民经济未来发展的一个大目标、大方向，民营企业在其中将发挥很大的推动作用，同时也将为民营企业自身谋得更多的发展机遇。尤其是在国内资源紧缺的情况下，煤炭、石油、钢铁等各种资源都不能满足日益增长的市场需求。只有走出去，才有可能到更多的地域和更大的市场去寻求发展空间，获得发展机会。科瑞人从来都具有远大的目光，从来都不满足于一时一地的得失，不但能居危思安，而且要居安思危。因此，我们充分认识到“走出去”战略的重要性，并且将其看作我们在2006年完成的一项重要工作，并且还将在2007年继续大力推动下去。

（四）跟进金融体制改革

抓住金融体制改革时机，进入商业银行，是我们在2006年工作中的另一处亮点。就目前阶段来看，民营企业想要进入到商业银行领域，仍不是特别容易办成的一件事情，这不仅是要经过投资合作各方的仔细研商和谈判，还要经过政府部门非常严格“政审”，其过程极为繁复，甚至可能多次反复地进行审计核查。因此，真正能进入传统的商业银行，从而对其进行股份制改造的民营企业，为数并不多见，而我们在2006年就基本完成了这样一项工作，下一步的目标选择可能将在西南地区。这是因为，西南是一个重要的发展方向，过去始终没有形成一家有能力将业务领域覆盖整个区域的商业银行，去年召开了东盟“十加一”会议，第三届中国—东盟博览会在南宁隆重开幕，中国和东盟10国领导人都亲临盛会。中国—东盟博览会的会所就常设于南宁，作为对接东南亚经济体的天然通道，南宁具有建立西南金融区域中心的优良条件。

我们的另外一个战略目标，考虑在东北沿海地区，同样是进入一家规模实力相对充足的商业银行，然后伺机向周边地区发展。对东北沿海地区商业银行的选择，在于其是否已经具备与国外商业银行和国际金融组织或机构的整合条件，是否有可能与境内外的投资人实现长期的战略合作，是否在并不太长的时间内就能落实形成上市的步骤与安排。

（五）创办领锐，发展REITs

郑跃文董事长在今年的报告当中，着重谈到了REITs概念。REITs是非常好的一个金融产品，也是一种资产证券化的不动产投资基金。REITs由专门的资产管理机构进行物产的投资经营管理，并将投资综合收益按比例分配给投资者的信托基金。投资者可以通过证券市场来购买和享受投资回报。无论对宏观意义上的国民经济发展，对推动我们国家的金融体制发展和创新，还是对众多的中小投资者来说，都是非常有意义的一个金融投资渠道。REITs的主要吸引力，在于其流动性大、股息高、收益稳定、投资风险小。REITs起源于美国，发展历史并不长，创始于20世纪60年代初期，真正形成高潮则在20世纪80年代，后来席卷欧美及亚洲的许多发达国家和地区。目前，美国80%以上的商业地产投资资金来自REITs，并成为商业地产投资的主要形式。倘若REITs能在中国实现，无疑就是开创了一个先河，也是非常具有历史意义的一项工作。我们必须从这个意义上来认识REITs，认识我们科瑞在2006年末参与创建的天津领锐公司，并将领锐公司的发展列入2007年科瑞运作经营工作的重要一环。

2006年，我们在融资形式上继续进行了一些尝试和改变。由于国家的信贷规模增长过快，全年放贷目标为2.5万亿元，但一季度贷款规模就已经达到1.2万多亿元，超出全年的一半，年度信贷规模在上半年便已基本用完，有关方面只能不断调整计划，增加信贷额度，引起国务院和货币当局高度重视，国家只能加大宏观调控的力度，以遏制经济过热，防止通货膨胀。截至2006年底，尽管全年信贷增量超过3万亿元，但仍无法满足不断增长的金融需求。因此，下半年大部分商业银行就基本不放贷了，这就对民营企业的发展造成了一定程度的影响。对这种金融形势我们已有所防备，并提前积极寻求新的外资金融合作伙伴，逐渐开始与科瑞形成实质意义上的战略合作。尤其2006年12月11日，是中国加入WTO时承诺对境外金融机构开放人民币业务的日期——按照新颁布的《中华人民共和国外资银行管理条例》规定，外商独资银行、中外合资银行，只要获得国内注册的法人营业执照，都可以在内地经营“吸收公众存款”等人民币业务，由此宣告境外银行正式进入中国内地。而在此之前，他们早已开始寻找国内的一些企业客户群体。科瑞在金融领域具有自身的独特优势和资源，行为上也往往比较主动，先期已经与境外金融机构建立起了非常好的业务联系，2006年汇丰牵头帮助安德利筹集6000万美元银团贷款，安德利以此替换国内银行的人民币贷款，由于人民币升值，这样一次货币调换，将使安德利获得巨大交易收益。包括奥地利中央合作银行对科瑞天诚投资公司的支持，IFC入股安德利等等，科瑞已经与国际上一些大的银行开始对接。

（六）积极处理历史遗留问题

科瑞已经走过了14年发展历程，应该说是一家有历史的公司。这是我们的一种资历，也是我们的一份光荣。但从另一个角度来看，有历史就会留下足迹，有历史也会留下问题。这些年来长期困扰我们的一些问题，在2006年终于得到了比较好的解决。过去看似比较棘手的一些事情，在2006年期间也基本处理完毕，使得2007年的科瑞整体生态环境更加好，科瑞的经营条件也将得到更大的改善。另外的一项工作，就是将我们以往的一些非赢利性资产进行了变现处理，效果也是比较令人满意的。当然，这些成绩的取得，都离不开广大科瑞员工们的积极配合与支持。

（七）提高整体管理水平

在过去的一年里，科瑞的整体管理水平有所提高，这一点在年终述职的时候表现得尤其明显。工作和业绩完成情况越好，就越是能在述职的同时总结出更多带有启示性的深刻经验或教训，甚至在总结当中能够预见到未来可能影响科瑞发展的、必须尽快解决的一些问题。2006年，我们对项目投资仍然采取了“财务总监派出制度”的模式进行管理，大多数派出的财务总监们，都能在自己的岗位上尽心尽职，与集团总部保持良好的沟通，从而帮助投资项目得到更好的发展。每季度召开一次的投资分析会，也总是能够发现一些问题，并及时地提出相应的整改意见。这样一种行之有效的项目管理模式，在2007年乃至今后一个相当长的时期内，还应该继续坚持下去。2007年的员工培训工作也有长足的进步，不少员工通过深造和学习，提高了自身水平和能力，并拿到了更高的文凭，也使科瑞员工的整体学历水平得到了提升。与此同时，我们还适时开办了一些短期培训，其中包括矿业和金融、财会领域新知识的讲解和讲座等等。尽管在培训的数量和质量上还不是特别令人满意，但毕竟有了一个很好的开始，2007年还要继续加强。

古话说：至诚无息，不息则久，久则征，征则悠远，悠远则博厚，博厚则高明。2006年对科瑞集团是一个思想创新和行动转型年，它所凝聚的核力将裂变出巨大能量，推动我们迈向科瑞人心中的经济奥林匹克。

解码2007年

中国经济的高速发展，在于借助市场经济的转型力量，在这种体制互换的节点上，意味着巨大的、稍纵即逝的商机。我们要有狼的血性，用智慧和知识去迎接太阳，而不仅仅是去追赶太阳。

对于2007年的工作，郑跃文董事长在报告中已经提出了指导性的要求，并深刻分析了宏观经济形势将可能对企业发展产生的变化与影响。结合上一年度的科瑞运作，我主要针对2007年企业可能面对哪些商机，科瑞人应该如何抓住机遇，配合宏观经济形势的变化，更好地实现董事局下达的企业运作目标，作简单说明。

科瑞是一家投资性的公司，我们的产业运作方向在于资本市场，我们的投资收益渠道也在于资本市场。而影响2006年乃至其后国内资本市场的一个根本性问题，就是股权分置改革的实现，解决大股东占用资金的问题，以及大型蓝筹股的上市发售，从而使内地股市的总市值从年初3万亿元左右一举提升到年底的10万亿元，并且形成了良好的资本退出机制。科瑞之所以长期持有大部分的项目股权，很少考虑从项目退出的问题，其中一个非常重要的原因，就在于我们的资本市场还没有形成相对完善与安全的退出机制。这个退出机制一旦建立之后，很可能在内地形成新一波的基金直接投资高潮。资本市场面临的将不是资金的问题，而是项目问题——过去是项目多、资金少，今后可能是资金多、项目少。只要是好的项目，加上退出机制完善后形成完整的市场循环，包括风险投资和股权投资等在内各类投资人，都因为降低了对资金安全的担忧，数量更为庞大的资金将会涌入资本市场来。因此，2007年很可能成为中国资本市场的转折之年，私募股权基金也已经开始萌芽，为数不少的民营企业和券商，以至政府都已经开始研究这个问题。

由此看来，资本市场的发展，今后还将对金融业造成更大的冲击。就在这样一种此涨彼消、此消彼涨的过程当中，蕴含着大量的市场机遇。目前进入中国的外资银行，不但具有娴熟的市场化运作的经验，而且具备长期混业经营的优势，同时拥有丰厚的客户资源与强大的品牌号召力。当这样一支虎狼之师进来之后，说他们不会对内资银行造成太大冲击，无疑是在自欺欺人。正因为如此，内资商业银行在经营形态上必然会发生巨大的变化。与此同时，由货币过剩造成的流动性泛滥，正在日复一日考验着央行主管们的耐性和信心。截至2006年底，中国的外汇储备余额超过1万亿美元，贸易顺差超过1774亿美元。由于国际金融形势动荡不定，巨额的外汇储备意味着巨大的金融风险；何况中国大部分外汇储备投资于美元资产，美元资产持有率偏高，比例超过60%。倘若美元贬值，就会使中国外汇储备大幅缩水。央行为此出台多项政策，先后多次加息和提高存款准备金率，但收效并不明显，仍面临着继续要求加息的巨大压力。持续过高的银行储蓄率，是金融主管部门面临的又一重大课题。城镇居民把自己的钱都存在了银行，除了担心社会保障体系的不完善以外，没有更多的投资渠道是最主要的原因，这个压力同样是非常可怕的。当前日益严重的流动性问题如何解决，是对政府的一次巨大考验。如果采取通胀政策，货币贬值，普通百姓将难以承受；人民币继续加息，美元贬值，境外热钱还会继续大量涌入；单纯提高存款准备金率，并不能根本抑制经济活动中的流动性问题，也不会对股市造成太大影响；分洪泻洪，推动如房地产业这样某一行业的热潮，房价仍将持续上涨，将可能形成数量更为庞大的“房奴”。综上所述，任何单一的对策，都很难解决根本问题。因此，促使股市持续温和上升，加快新股发行，以满足人们普遍的逐利心态与外资对人民币的饥渴，从而逐渐控制流动性过剩的局面，并促使整体性的金融结构发生变化，是未来宏观经济局势发展可以想见的一个主导性策略。

正因为如此，2007 年将形成一个基金年，也是直接投资年和直接融资年。中国人治水，历来有“堵”与“疏”的考量与争论。建坝拦蓄为堵，修渠引导为疏。倘若一味建筑高坝，堵得了一时，却堵不了一世。终有一日洪水漫过大堤、长流直下，甚至造成倒坝决堤之害，到那时后悔就来不及了。因此，金融主管部门适时做出调整是可以预见的。郑跃文董事长提出科瑞今后要进入金融服务行业，将科瑞打造成某种类型的资金管理型企业，这很可能形成 2007 年科瑞战略调整的一个主攻方向。尤其是推动 RAITs 发展，争取拿出更多优质项目推向资本市场，珍惜历史赋予的机会。

发展规划

创新是科瑞文化的精髓。2007 年，我们没有时间休息，我们需要创新的思想，创新的行动。

（一）组织形态

为了保障科瑞未来的健康发展，我们要继续认真研讨如何构建科瑞的组织形态。

作为投资型的集团公司，15 年的科瑞已经积累了属于自己的一些企业运作经验。尤其在组织形态方面，科瑞总部逐渐形成一种战略型、智慧型、学习型和资源对接型的高端平台，并全面掌控集团整体的资产运作方向。在这样一个高端的决策运行体当中，能够充分发挥我们每一位董事、股东和顾问团队的智囊作用，使我们站在了一个很高的层面来看待和分析市场、看待和分析我们的企业运行状态。2006年，科瑞总部正是按照董事局的战略设想，尽最大可能地降低企业负债，最终基本达成了这样一个目标。科瑞天诚投资公司则直接运作所投资的全部产业项目，其中也包括对金融股权的操作与掌控，并实施日常的管理，成为科瑞的创利主体。而由科瑞投资的项目法人主体，全都能发挥各自的主观创造性，依靠自身能力去打造属于自己的业务平台，以求得更加积极稳健的发展。按照这个设想，也就有可能区分出几个不同的功能性层次。作为有丰富成功投资经验的公司，科瑞在功能上将向基金管理型公司转化，由集团总部不断发起设立各类股权投资基金。

（二）业务形态

我们在2006年已经打破了原有三大产业的格局，将科瑞的投资方向转型为高科技产业、资源型产业和金融产业这样一种新型的"金三角"形态。2007年的产业格局是否还会有所突破，董事局将运筹帷幄，适时作准确判断。但最基本的板块，应该得到继续保持和培育，例如资源型产业和金融产业等等。生物制药领域的博雅和莱士，将努力实现企业资源整合，争取作为高科技类型的产业推向资本市场。尤其是近几年以来，我们两家生物制药公司在新品研发方面做出了很大努力，在相关领域的科研水平保持国内领先地位，郑跃文董事长与国内相关领域的权威人士就此做过很多探讨，他们也都希望科瑞能在生物制药的科研领域有所突破，将来有可能打造出一个完整意义上的科研战略平台。

长期以来，我们始终专注于传统产业领域的投资，科技创新的含量并不高。今后在考虑和实施产业投资的过程当中，是否从科技含量和技术水平上做出一些探讨和新的尝试，从而形成未来更多的价值增长点，这一点至关重要。尤其是作为上市公司，只有不断将创新型的概念和成果推向市场，才能真正提高企业的整体实力，从而吸引资本市场的更大关注。

（三）资本形态

资本形态是任何投资型公司都必须郑重对待的一个关键环节，也是多年来制约我们科瑞发展的瓶颈所在。资本结构与现金流，则是投资型企业营运管理的灵魂。

2006年，由于受到宏观经济调控的影响，更由于企业自身资本形态上的不健全、不完善，一些民营企业似乎在很短时间内即宣告倾覆，不禁令人扼腕痛惜。尤其是一些大型的民营企业，仅仅因为某笔数百万元的担保而引发资金链的断裂，终告不治。我们完全可以撇开外部社会政治性的其他因素，仅仅从企业内部现金流的安排和资本形态的布局上进行分析，就会发现许多先天性的缺陷，就像人体缺损了某项重要的基因一样，难免造成免疫功能薄弱，终有一天会被这样或那样的疾病击倒。企业如果过度依赖债务融资，或者过度依靠银行的资金扶持，自身不能形成一个健康循环的资本形态，结果同样如此。科瑞从1992年开始创业，启动资金仅有区区数万元，后期发展也没有更多资金投入。1993年在获得经营性收入的利润之后，才算真正进入到了产业性投资的轨道上来。第三次获得规模性的资金支持是在1995年，后来直到2002年才再次募集到成规模的资金投入。从科瑞自身股权结构的发展轨迹可以看出，我们所有的资金都用在了企业的循环运营上面，所有的投资都是通过单一的股权形态来支撑和完成的。这当然是与国内宏观资本市场的生态环境息息相关，并非我们自己愿意这样长期负重前行。也正因为如此，企业始终面临的问题，一个是存在主体与投资主体分离，集团在绝非宽松的资本形态下负债运营，在一定时期内也经历过资金链脆弱的窘迫处境，甚至也经历过短贷长投这样的艰难局面，依靠贷款推动，本金利息相加，维持高负债，最终的结果必然是要用利润来归还利息，用税后利润来归还贷款和发放工资，从而走向恶性经营，这对于任何一家健康企业来说都是不能容忍的自杀行为。好在科瑞最高决策机构对宏观经济大势具备了一种洞若观火的预判能力，同时能够适时把握资本投入的规模和节奏，在相对严格的融资环境下，通过采用一些具有创新意义的金融工具，以及最大可能地调动社会资源，才保证了企业的正常运行。这期间经历了两次退出和两次公募——两次退出是指2000年和2006年，两次公募是平高的IPO和安德利的IPO，包括债务融资和股权融资。我们在融资方向上也做了很多尝试，不惜一切维护企业的信用。为了"信用"这两个字，科瑞是付出过巨大代价的。我们的董事会成员有一个共识，就是科瑞绝不赖账，也绝不负人。只要是和科瑞合作过的朋友，我们从无亏欠。这不但是15年来科瑞人付出巨大代价维持的企业形象，同时也是科瑞集团软实力的重要体现。

在分析美国流通性好的企业之后就能发现，他们的无息负债（股权）、有息负债（债务）和权益安排的比例，基本为3：4：3。作为一家投资性公司，我们科瑞的资本形态究竟应该维持一个什么样的结构？我们的有息负债、无息负债，以及我们的权证和权益应该保持在一个什么水平之上？这是必须认真探讨的一个非常具有现实意义的重要课题。现阶段科瑞的股权负债即无息负债，应可保持最高比例，即设定为60%，这与科瑞天诚投资公司的股权比例大致相似；有息负债应保持在30%的水平；权益负债（权益变现）保持在10%左右。之所以将权益负债设定为10%，是因为国内的权证市场还不够发达，2007年开始应该会逐渐提升。这样一个6：3：1的比例设定也许不一定很科学，但应该是合理的，大家还可以继续探讨。作为一家投资型的民营集团公司，要充分考虑到宏观经济和社会政治环境，设定这样的资本结构是相对安全与健康的。当债务融资过高的时候，一定要进行调整，可以调整到股权融资（直接融资）上来；当直接融资过高的时候，一定要调整到负债融资上来，这是保证科瑞安全运行和稳健经营的重要前提。为此，财务部门在2007年有必要静下心来再作一次更加仔细认真的研讨，以求建立起一个以稳定的现金流结构为核心的财务模式——或是资本模式。要重视我们母体的股权融资，建立长期的股权投资基金，实施管理权。国内银行贷款可作为临时性的过桥融资，同时选择国外大型银行发展长期信贷业务，所投资企业选择IPO方式，项目的厂房建设和设备改造尽可能选择金融租赁方式，包括矿业开采等设备在内。洛克菲勒是最强调现金流的，他始终认为现金是一种强大的武器。只要保持自己手头握有大量的现金，就有可能在任何必要的时候发起迅猛的商业攻势。众所周知，现代市场的商机稍纵即逝，当机遇来临的那一刻，不但要看谁的手快，更重要的还在厚积薄发。否则两手空空，即使再快的出手也抓不住机遇。

（四）管理形态

一个企业要保持长期的持续发展，必须依赖于制度文明。而制度文明的核心，在于制定制度的首要目的是为约束制度制定者本人，并能得到很好的实施。

企业的管理，可以也应该根据不同行业的特点来选择不同形态。但既然需要管理并且制定了制度，就必须让制度贯穿于所有的管理环节。因此，科瑞的管理制度不但要贯穿于所有的投资运作环节，也必须贯穿于全部的行政运行环节。15年的科瑞，走过了很长的一段路，风风雨雨，坎坎坷坷。如果要求我们以往走过的每一步路都很规范，当然不是一种现实主义的态度。但我们仍要认识到，不规范就有可能埋下隐患，不按制度运行就有可能产生风险。古人云：绳锯木断，水滴石穿。日积一小善终成大善，日积一小恶必为大恶。我们在运作过程中发生的不规范行为，归根到底是制度的设计还不到位、还不合理、还不科学。而制度的建立与实施，是一个公司最终走向成熟、走向稳定、走向有序发展的重要前提。

科瑞的投资项目管理，经过多年探索，已基本形成一套行之有效的制度。如财务总监委派制、财务信息网络化以及经济分析会议的制度等等，今后还要不断坚持、不断完善。与此同时，董事会管理模式也要逐渐形成制度，通过董事会来管理好我们的投资项目。我们派出的每一位董事，都应具备丰富的管理和投资经验。如果他们能在每一个具体投资项目上真正发挥自己的作用，就会形成超越纯财务管理的传统层面，开拓出一种对投资项目带有战略性和指导意义的新途径，使科瑞的投资项目管理达到一个更高的层次。其次是继续完善监督审计模式，充分发挥监事会和审计部的作用。第三是信息化管理。在这样一个网络经济飞速发展的信息时代，我们的信息交流模式却比较简单，无论对内还是对外，传递信息的手段和数量都还不能满足企业运作的迫切需要，在 2007 年必须有所改造，有所提升。

科瑞从创始初期的十几个人、几十个人，发展到拥有目前这样一个规模的人才队伍，方方面面的情况都发生了巨大变化。还要推动我们的事业继续前进，就必须根据不同时期的不同情况，针对公司运作进展当中出现的新项目、新事物、新的人才智力结构和新的产业运行特点，不断研究、不断创新，拿出新的办法，制定新的制度，不断完善我们的管理，以建立一个科学、高效的投资决策流程和投资项目管理体系。科瑞以往的决策特点是环节少，周期短，见效快，这与企业处在小规模运行的状态紧密相关，但也存在一些决策程序不合理、决策态度不理性、决策方法不科学的缺憾。在未来企业规模继续扩张的前提下，我们的投资决策的整体形态也要适应这样一种变化。尤其是在单位投资项目的占用资金额度越来越大，以往经常面对的也许只是几千万或者上亿元的项目，今后面对的可能就是几亿元甚至几十亿元的规模，稍有不慎，就有可能酿成严重后果。一时的冲动，或者在某一个瞬间的不理性，结果就会做出带有盲目性的决策。因此，对我们的投资决策体系进行一些更为科学的设定，是非常有必要，也是非常重要的。当然，我们也不能为了防止盲目性，就彻底放弃投资人的创造热情。有一利必有一弊，有其长必有其短。为了更好地改善科瑞的投资决策体系，我们还要再作认真的思考和仔细的研究。

改造科瑞的薪酬体系，是每一位科瑞员工都很关心的问题，因为它不仅涉及到我们每一个人的切身利益，同时更关系到企业的激励机制，关系到我们的人才战略。科瑞的薪酬体系沿用日久，是一个比较初级阶段的模型设计。现在的社会状况、物价水平、消费能力和社会保障制度等等方面都发生了非常巨大的变化，企业员工收入涉及到很多复杂的问题，甚至要包括各种税收和社会性的福利开支。尽管如此，我们的员工把科瑞当作自己发展事业的平台，有不少人都为企业发展做出了很大的贡献，平时为科瑞事业的进步努力工作、任劳任怨、兢兢业业，我们应该尽企业所能，保证大家都能得到一个长期的回报和待遇，同时也要设计更加合理的一种长效机制，以激励每一位科瑞人都能充分发挥自己的聪明才智，真正把科瑞当作自己事业发展的舞台和寄托情感的家园。企业进步了，大家都光荣；企业发展了，大家都受益。这是我们 2007 年人力资源工作的一项重点。

科瑞文化提倡的是“好好做人做好人，好好做事做好事”。因此，在我们长期以来的人才激励机制当中，讲正面多，讲负面少；讲奖励多，讲惩罚少。这反映出科瑞人的人情味很浓，科瑞文化的人性化色彩很重。在我们的制度设定当中，也很少涉及如何惩治不良行为的条文或规定。即使发生了极少数人工作表现不好，甚至工作态度不负责任的现象，也只是做一些随机性的处理，从来都不会抓住不放，更绝少恶语相向。似乎科瑞人都是谦谦君子，宽宏大度。其实，这并不是一种理性的态度，也不是健康的企业文化应有的一种正常状态。科瑞的文化应该是积极向上的文化，是创新发展的文化，是鼓励先进的文化，但也应该是一种惩前毖后、反对不良行为的文化。与此同时，在科瑞的管理制度当中，也要具备相应的规范和设定，无论什么人踩到了“红线”，都必须承担责任，接受处罚。一个人如果不能在科瑞的平台上很好发挥自己的作用，或者不能很好地担负公司赋予的管理职责，甚至因其个人行为不当而对企业造成损失，诸如此类的现象，都应该能从制度上找到相应的处理措施，绝不能宽严不一，更不能随机应变、草率处理，以保障制度的刚性和公平，更重要的是凭借制度的力量来保证企业的健康发展。

（五）队伍建设

在2007年的述职会议上，有的干部提出这样一个观点：科瑞是由一批“二流的员工”在做“一流的事情”。至于这种观点是否正确，我们暂且可以不论，但至少向我们提出了一些比较严肃的问题，值得我们思考。例如，就算科瑞员工们目前还处在二流的水平上，那过去是几流？甚至过去是否根本就不入流？又或者，我们从现在开始抓紧时间，努力学习，不断进步，在今后的日子里有没有可能提高到一流甚至超一流的水平？

如何提高员工素质，是直接影响企业健康发展的一个重大课题。众所周知的短板理论认为：木桶盛水量的多少，最终是由最短的那块木板决定的。短板越少，木桶的盛水量就会越多。现在又有新的研究者认为：比最短的那块木板高出的部分，其实毫无意义。高出越多，浪费越大。这其实是在提示我们，企业应该量才适用，将最合适的人才用在最合适的岗位上，必须因事设人，而非因人设事。因事设人的优势，首先在于避免人才浪费，其次在于防止效率低下。因人设事的根本危害，就在于“造就”出一块又一块的短板。因此，在科瑞企业运作模式正在发生前所未有的巨大变化的时候，员工的整体素质必然要与之匹配，以支撑科瑞的事业的发展。我们每一个科瑞人都要有一种紧迫感和危机感，否则就很可能被淘汰。科瑞毕竟是一家处于激烈市场竞争当中的企业，只有不断地吐故纳新，不断地增加新生力量，不断吸纳更多社会精英加入进来，才能使我们的队伍永葆青春的活力。

IT界人士常说：世界就像一个小村庄。做企业的人则更多地认为，世界就像一个足球场，只有那些最为出类拔萃的运动员，具有最为出类拔萃的活力和创造性，才能最终获得上场比赛的资格和机会。如果还不够优秀，那就坐在场边看别人比赛吧，那毕竟是一种学习，也是一种乐趣。15 年后的科瑞员工，在层次上已经开始出现一些分化。我们也有自己的“长征干部”，有“抗日干部”，也有“解放干部”，大家是在科瑞发展的不同历史阶段进入到这支队伍中来的，这是一个区分的层次。还有更重要的一个层次分化，就是一部分员工平时注重学习，与时俱进，能够跟上科瑞发展的步伐；另一部分员工由于种种原因，不能适应科瑞的变化与发展，离开了我们的队伍；还有一些人不思进取，无所作为，随时都有可能被这个时代所淘汰。即使是在同一时期进入科瑞，以往接受的也是同样水平的教育，后来又在同一舞台上施展自己的才华，但有的人进步了，有的人落后了，有的人甚至退步了。这种现象的产生与存在，应该引起我们每一个科瑞人的思考与警惕。

科瑞是我们实现个人价值与梦想的平台，也应该成为一个具备竞争活力的平台。在这个平台上，能力强、绩效高、好学习、肯进步的人，理应获得更大的收益和更多的发展机会；反之就必然遭到淘汰，这才体现公平与正义。否则，能力强的人与能力弱的人一样，绩效高的人与绩效低的人一样，好学习肯进步的人与偷奸耍滑不思进取的人一样，那就遑论公平正义，连天理都不讲了。科瑞的事业发展，需要依靠和能够依靠的，绝不是那些仅仅把自己当作雇员的人，而是那些真正懂得业务，善于合作，坚忍不拔，富有激情的人，以及那些始终将科瑞看作是与自己荣辱一体的人。

我们科瑞人共同爬了 15 年的山，虽然感觉有些累，但登山的感觉真好。日本著名导演黑泽明在他的《蛤蟆的油》中写道：“我听说山顶的风，是指长时间艰苦地走山道的人，快到山顶时能感到迎面吹来凉爽的风。这风吹到脸上，登山者就知道快到山顶了。山顶的前面，就是极目千里的广阔天地和一条笔直的大道。”

我想，山顶的风已经吹到了每位与我们风雨同行的科瑞人脸上。

信任之剑高悬

梓林说：创业之初，重在发现志同道合、德才兼备的好人；初具雏形后，则应侧重于防范坏人。我以为这与古人所谓“治乱世须用重典”一样，意在扬善弃恶。

由此我进一步想到，不管是发现好人，还是防范坏人，前提是要让人做事，人不在运动的状态中你就很难分辨出他的好与坏。让人做事，首先就有一个对人信任与否的问题。疑心太重的人，终归难成大事。而对一个人的信任不一定就是表现在一纸任命或一次委托上。信任来自于长期的观察和深刻的了解，往往有一个延续发展甚至是漫长的过程，正因为这样，得到的信任就更显可贵，可贵就可贵在来之不易，去之即失。

我常对下属说：得不到信任是一件可悲的事情；而能得到信任是一件非常非常累的事情，尤其是得到多数人和上司的信任更是如履薄冰。因为没有这种信任，别人不会对你有过高的要求，不会在意你做得好坏，于是你可偷懒或做别人并不一定高兴的事，而一旦得到了信任，就应该继续按信任者的要求去做，并把承诺的事做好，从而进一步巩固和加强这种信任。否则，信任便会得而复失，还要遭人唾弃：“辜负了我们的信任。”

科瑞做到今天，出于对董事局的信任，一大批能人志士已经聚集到了这面大旗之下，我们的背上如负重山，我们的头上利剑高悬，稍有疏忽和不慎，稍有怠慢和偷懒，都将受到“不值得信任”的严厉惩罚，何其难也！

春节前在南昌举办的“科瑞迎春晚会”，我因公务未能及时赶回参加，但听说三百多人济济一堂，群情振奋。备受鼓舞之余，我想这或许可以作为一种欣慰，但其实我更愿把它看作是一把高悬在董事局成员头顶上的信任之剑。

既然，我们董事们是背负着同仁们的信任，责任重大地前行着，在此我也就想告诫所有得到科瑞信任的同仁：小心高悬在你头上的信任之剑。

我们科瑞人，有颗火热心

如果说时代造就了科瑞，那么，科瑞的最高境界理应是造就出一批爱国、敬业、自信的创造型人才。

科瑞曾经一次次成功，那么她能否不断进取，走向辉煌，对每一个科瑞人的志向、能力、胆识都是一次次更高层次上的考验。

每当我们谈论企业的生存和发展时，都不免感叹市场竞争的残酷；每当我们的企业顽强地向前挪一步，都伴随着重重困难和风险。于是，人们不禁要问：办企业如此之难，我们为啥要这样执著？答案很简单：困难与希望并存，失败孕育着成功。在科瑞人眼里，未来应该充满阳光和鲜花。虽然，在走向未来的途中总是难免遇到荆棘和泥泞。

做企业需要的是人，是有知识、有责任心、有进取心、有自信心的人。记得我们刚跳出机关，在毫无思想准备的情况下，跨进市场经济的大海时，困难便接踵而来，似乎一切都是那么渺茫，思想上的任何退缩都将导致失败。幸运的是，由于我们有坚定的信心、顽强的毅力、踏实的作风，“上帝”赐予了我们成功。于是，凭借科瑞的这种精神，我们不断将企业推向前进，从省内推向省外，从内地推向特区，从单一推向多元。事业在扩展，人才在聚集，科瑞精神正在逐步融入每个科瑞人的血液中。

科瑞是民办企业，尚未度过两周岁的生日，就像一艘刚刚扬起风帆的小船在惊涛骇浪中起航，巨浪卷着各种困难随时都会向我们袭来，要乘风破浪驶向彼岸，除了需要一位有胆有识的船长之外，还要求每一位水手都必须具备独当一面的技能和信心，要有勇于克服一切困难的气概，干每一项工作都要充分考虑困难的存在，但绝不能以消极的不负责任的方式退却和推诿，应该多提出解决问题的方法，努力实现最佳的结果。科瑞人有句名言：办法总比困难多。这应该成为每个科瑞人的信念。

我们科瑞人，有颗火热的心，靠着这种熊熊燃烧的烈焰，就能融化前进道路上的所有困难。

走过七月

七月是科瑞的节日。

正是六年前的七月二十八日，科瑞的旗帜开始高高飘扬，一群又一群年轻知识分子聚集到这面旗帜下，聚集在理想与创造的旗帜下，聚集在忠诚团结勤奋进取的旗帜下，手挽着手，肩并着肩，开始迈上市场经济的大道飞奔。

七月是一个节日，是一个象征与起点。

七月是激情的日子。没有理想主义的激情人生，宛若行尸走肉，如陷死水泥潭。我们不能忍受平淡，更不甘于寂寞人生。我们的心底总有一个声音在高喊：只有激情，只有热烈与奔放的豪侠之情，只有执着与炽热的创造热情，才真正可能推动一项伟大的事业走向成功。

然而，我们不可能永远生活在七月，更不能永远在那个起点之处彷徨游移，永远在理想主义的幻梦中沉迷，在狂放的情感宣泄中就此耗尽自己的生命。

初生婴儿也能用其响亮的啼哭宣告新生命的降临，但那声音毕竟稚嫩而单纯。只有走进成熟人生，才可能成就雄浑高昂的交响诗。

走过七月，走过新生命诞生之初的惊喜与欢快，走过六年风雨如磐的坎坷征程，走过无数不眠的长夜，走入了霞光如画的清晨，科瑞人再也不是六年前那个蹒跚学步的孩子，我们的步履不再摇晃，我们的心态更加成熟，我们不断地累积着人生的体验，执着而坚定地走向未来。

走过七月，走进企业家向往已久的市场与竞争，科瑞人不再为奇迹的降临而再三惊叹，不再为机会的擦肩而过而深深惋惜。科瑞人创造过奇迹，更创造过机会。未来的奇迹仍将从我们的手中继续创造，无数的机会仍将会因我们的执着而不断产生。我们将永远为奇迹谱写最完美的旋律，为机会安排最完满的结局，科瑞人能在对手环伺的市场竞争之中，稳健向前，又何愁机会不再，何叹奇迹不生？

走过七月，走向又一轮信息时代的机遇与挑战，扑面而来的是知识经济大潮的强劲之风，更使科瑞人趋于非凡的理智与清醒。人才是企业之本，创新是企业之本，所有一切为东方人所骄傲的理念与文化，所有一切西方先进的企业管理科学和技术革新成果，都将成为科瑞人整合智慧赢得机遇和挑战的智慧源泉。

走过七月，走过激情之火熊熊燃烧的季节，我们一定会在心中仔细珍藏六年前的那一天，珍藏那颗永不熄灭的激情之火，将它植入我们思维的圣殿，用它照亮那已可预见的灿烂前程。我们为激情礼赞，我们更为理性欢歌，我们将在理想主义的激情之火照耀下，迈着更加稳健的步伐，坚定执着地走向未来。

提升与交流

我们大家在今天这个特别的日子里又聚在了一起，纪念科瑞集团创建 13 周年。在这样一个时刻，确实有必要在宏观的背景之下，以理性的态度来看看我们过去走过的道路，对公司整体运作上的强势和弱点，以及对工作中面临的困难和存在的问题进行分析，然后再以历史的眼光来看待中国民营企业的发展，就能明确我们的定位，明确以后的路到底应该怎么走。我们科瑞的文化，从形成到整合，再到现在的不断发展，随着企业状态的变化，也会产生一些变异。如果平时不注意提升它的品质，原有一些好的、精髓的东西，有可能变质。尤其是我们每一位中层以上管理人员，都掌握着科瑞很重要的一部分阵地，公司的进步和科瑞的每一步发展，都和每一位科瑞人息息相关。因此，我们大家都有必要认真反思，争取把今后的工作再做得更好一些。

联想的柳传志同志最近讲到：联想公司非常重要的一点，就是他们的群体是一个学习性的组织，企业会随着整个大市场的变化来做出战略上的调整。我认为，这也正是学习型组织应该具备的一种本能。现在，科瑞人最应该具备的一点，就是如何适应市场形势的变化，来推动公司的发展。而能不能适应形势的变化，关键要看我们学习的能力。一旦学习能力强成了我们这个组织的显著特点，那么，这对大家的品德修养的提升、企业战略思想的改进，以及工作能力的提高，都有着非同寻常的意义。科瑞的发展毕竟是要靠人来推动的，所以我们更要重视学习，跟上整个大形势的发展。市场经济条件下，国民经济正在从低水平向高层次发展，各方面的变化非常大，如果我们把握不了，不能跟上时代的节拍，就肯定会落后。

回顾这些年来我们走过的路，想想未来的公司到底应该怎么走，大家应该怎样合作，非常重要。尽管我们大家不可能每天都在一起面对面的交流，但可以利用科瑞网站这个交流平台，把我们平时的感受和学到的东西，放在网上分享，同时还可以把我们的思想表达出来，包括目前存在什么问题、哪一方面的管理要加强、对企业的战略思想设计有什么想法、在执行战略的过程当中出现了哪些问题，都可以在网上进行交流，这对我们的发展是很有作用的。

科瑞今年的生日，我们没有采取以前那种出游的方式，而是以相互交流的方式来进行纪念，回首过去，展望未来，反省自己，共同进步。科瑞又走过一年，今后的路应该怎么走？一个小小的提醒、一个善意的警示，都有着深刻的意义。

科瑞文化的发展与创新

为什么要谈文化？因为我们大家都感觉到，科瑞已经形成了一种自己的文化。同时面对今后的发展，科瑞文化的某些方面确实到了需要做出调整，需要在更高层面上做出新的认识的时候了。

由于有了一群人的存在，才会有一种文化现象的出现。有人把文化比喻成“水”，这是比较形象的，因为文化是一种无形的东西。企业的制度是实实在在的，可以写在字面上，具有可操作性，文化却是无形的，流动的，不断变化和发展的。从这个角度来理解企业文化，可能更全面一些。

从出生开始，我们每个人第一次感觉到的文化是家庭文化。大家出生在不同的家庭，在各自的环境和文化氛围中成长，这在很大程度上影响到了未来人生观的形成，思维方式和行为方式都会形成一定的特点，这也是由于家庭这个小的组织当中的不同文化导致的。随后又在不同的学校、不同的地域接受不同的教育，进入不同的单位、在不同的岗位上工作，继续形成属于自己的一些性格特征。然后，我们大家带着不同的文化特点走到了一起来，进行重新组合，才形成了我们科瑞的文化。当年创办科瑞的时候，除了我们这些人之外，如果还有个西方人参加，并且一直跟着我们走下来，可能科瑞的文化又会带有另外的一些特点。企业文化受领导者和重要参与者的影响是非常深刻的。

苏东坡诗云：横看成岭侧成峰，远近高低各不同。不识庐山真面目，只缘身在此山中。人们了解和认识企业文化，同样有这样的感觉：只有离开一个企业的时候，才能更加深刻地体会到这个企业的文化，所谓有比较才有鉴别。也就像鱼在水里的时候，它只是感觉很舒服，但不一定就认识到了水对它的重要性，只有当它离开水，它才会意识到离开了水有多么危险，必须马上回到水里面去，这就很像是人们对于一种文化的感受。“鱼不知水”，是因为习惯了，只有离开水的时候，才真正明白了水对它来说意味着什么。人是生活在一定的文化氛围当中的，文化的这种渗透力和作用力是非常重要的，尤其对于一个企业来讲，这是一种无形的、变化的、发展的力量，就像一条河流，它是由许多不断流动的小溪汇集到一起来的，不同的小溪代表着人们不同的文化观念，求同存异之后，才形成一个整体意义上的企业文化。

文化是柔性的，不是刚性的。企业当然需要刚性的东西，这主要体现在我们的管理制度方面，它是针对每一个人的行为约束。文化却应该柔情似水，所谓“润物细无声”，那才叫文化。因此，文化是通过一种非制度性的、约定俗成的、大家认可的价值观，来约束大家的行为。所谓企业文化的表象，包括我们为人处世的态度，例如作为一个领导者，你怎么对待犯了错误的下属，这其实是一种文化。另外在谈判的时候，如何对待企业以外的合作伙伴，这也会受到企业文化的影响，如果有一种道德的约束，可能就不会去做损害公司的行为，这些都是潜在的东西，不是规章制度能够约束得到的。

我们刚刚建立科瑞的时候，其实并没有太多文化上的特点，更多的只有理念，是共同的理念将大家凝聚到了一起，想的是做好一件事情。在经过了长时间的积累之后，大家才在思维方式和行为方式上形成了更多的共识，逐步建立起了一种具有共同特征的文化，这也叫滴水穿石吧。滴水穿石象征着一种力量，所以这种文化也是一种有力量的文化，这个组织在任何场合，做任何一件事情的时候，都会表现出这样一种力量。有了一个好的企业文化氛围，包括每个高层的、中层的和所有的普通员工，在这个组织当中都会感觉如鱼得水。

但是，我们如果把文化比喻为水，所谓“水能载舟，亦能覆舟”。企业文化如果适应公司的业务发展，就会形成一种推动的力量；如果跟不上企业的发展，就会产生一种阻碍的力量。当然，企业文化仍然是一种隐规则，是对公司所有员工的一种软约束，而不是硬约束，但它的重要却不亚于我们对任何一种管理制度的设定。我们过去之所以没有召开这种文化讨论会，是因为它太虚，太无形，看不见、摸不着，但又无时无刻不在发挥作用。

因此，如何建立一个适合我们公司发展的文化体系，十分重要。企业文化的基础是我们的企业哲学，是我们的企业理念，这也是建设和影响我们企业的根本所在，也就是所谓的共同价值体系。企业的文化与一个国家的文化，一个民族的文化，或者一个政体的文化是肯定不一样的。企业首先要生存，不能生存的企业就不存在了，企业文化也就没有了载体。所以，企业第一位的要素是企业的效益，企业的利润。但是，追求企业效益最大化又不是一个企业最终的目标。这样看来，两者之间似乎是矛盾的。当企业变成一种简单的挣钱工具，它究竟能够走多远，这是我们做企业的人在建设自身企业文化的时候，需要认真研究的问题，也是一个企业价值观的问题。在我看来，效益是企业生存的必要条件，但不是一个企业发展的根本目标。作为一个社会存在，在维持生存的前提之下，企业还要有一个长远的发展目标，而且必须对社会有益。来到企业这个团队中的每一个人，不仅能解决自身的薪酬问题，同时还要解决事业平台的问题，大家都很愉快地工作，有一个非常好的、和睦的、大家协同工作的氛围，这也应该是我们企业的一个目标。所以说，利润和效益不是唯一的，也不是单纯的目标，企业需要的是综合性的、更高层次的追求。对于科瑞来说，我们自身的价值观是什么，我们自身的价值体系又是什么，如果将这些问题都想清楚了，对我们将来的文化建设是有指导意义的。

关于企业文化形成的核心问题，每个科瑞人都可以发表自己的看法，大家共同来讨论。我们走过的这12年，有些问题虽然已经想得很清晰了，但还有一些问题必须继续思考，例如我们的企业哲学。哲学观是形成企业文化的基础，是更深层次的东西。企业文化不是设定出来的，而是逐渐形成的。企业文化当中的哲学问题，最核心的是企业为什么要存在。这个问题我们过去并没有进行过很深入地思考，但它是我们必须要面对的。其实我们每天都在面对生存问题，例如我们的企业为什么而生存？为什么能够存在？今后怎么样生存？这都是要考虑清楚的问题，也是企业最核心的问题，然后才是发展目标的问题。也就是说，当企业存在的社会价值明确之后，就要涉及发展目标的问题，包括企业未来的发展远景是什么，要能够清晰地描绘出来，告诉我们的每一个员工，不但有长期的目标，还要有中期和近期的目标。第三个层次就是如何生存的问题。

我们是一家投资型的公司，既不是做产品的企业，也不是做商贸的企业，这就界定了我们公司一定是在某一种文化的范畴之内。我们在不断地做投资，投资平高和博雅，要考虑平高和博雅过去是一种国企文化；投资安德利，就要考虑安德利过去有一种民营企业文化；投资莱士，就要考虑莱士过去有一种中外合资的文化。当然，我们还要考虑不同的地域特点，在与外国人合作的时候，就要考虑到不同国家和民族的特点。我们以后还会进行更多的投资，与更多的企业合作。那么，科瑞的文化如何与不同企业、不同地域甚至不同民族的文化相结合？科瑞的文化如何影响其他企业的文化？或者说科瑞的文化如何接纳和适应其他类型的企业文化？这些实际上都将成为我们科瑞文化工作今后很重要的方面，同时要求科瑞文化要有一种融合性，或者叫包容性和谦让性。我们每天都在接触不同的人和不同的文化，如果科瑞文化不能做到兼收并蓄的话，科瑞就很难有所发展。因此，我们当然要谦让，要包容，但同时要坚持我们文化当中那些原则性的方面。也就是说，一个企业能否生存，企业文化起着很重要的作用。

科瑞现在的企业文化，应该属于中国民营企业目前的主流文化。不属于主流文化的企业，目前和将来都是无法生存的。很多人看企业只看表象，例如有的企业资金链断了，或者发生了一些投资失误，就事论事，而不是看企业的资金链为什么会断掉，为什么会发生投资失误，为什么和其他的企业合作不好，这实际上可能都是在文化上出了问题。包括这家企业是不是能包容别人，是不是能谦让别人等等。所以，科瑞的文化的精髓，第一是价值观，第二是科瑞人的为人处事，这是我们科瑞文化比较有价值的两个方面。

关于科瑞未来的文化，我想非常重要的一点就是，科瑞要强调一种执行力的文化。我们企业的每一个人都是一个执行者，要有执行力，要建设执行力的文化。尽管企业有很多制度来约束大家的行为，但在文化当中也要有一种执行力。执行力不够的人，不能以一种高水平、高质量的方式执行的人，就是要被这个组织淘汰的人。如果说这种意识能够被我们大家形成一种共识，就会形成一种文化。那些遇事先讲条件，完不成任务或者对完成任务打折扣的人，就会受到大家的谴责，所有的人都烦你，都以为你这个人不行，不是某一个人不满意，而是整个组织都不满意。这样才能形成一种具有执行力的文化。如果我们的执行力是坚决的，是高质量的，是有效率的，那么，我们这个企业长远的生存发展就有希望了。

第二是建立一种亲和、敬业的文化。就像自然界的水，亲和万物，泽被苍生。如果有的人每天想着上班就难受，有的人总给别人脸色看，有的人热衷于打小报告，有的人喜欢在人背后说坏话，大家就把自己都推到了一种冲突的范围之内，没有人会有创造性，这是我们科瑞文化所不能容忍的。对于科瑞来说，任何人都可以有不同的观点，有不同的想法，有不同的意见，但是都应该非常民主、非常亲和地进行交流。只要是一个组织，甚至只要是有人的地方，就一定会有不同思想的碰撞，关键是解决碰撞的方式。我们要让大家在一种非常宽松的、非常舒适的环境之下来进行工作，才能充分发挥各自的知识、能力、想象力和创造力，这才是我们要创造的文化。在这个方面，尽管不能说我们现在做得不好，但我觉得至少还有欠缺，还要继续完善。

第三是创新文化。《尚书》曰：流水不腐，户枢不蠹。企业没有变化也会死亡，就像人体的生存要靠细胞的新陈代谢，从而不断获取新生一样，企业要在变化当中求得生存和发展。可以想象一下，如果科瑞还是按照我们12年前的方式工作的话，这个公司还能存在吗？现在，整个国家的宏观形势都发生了重大的变化，我们作为这个环境之下的一个实体，至少是要能够适应形势的变化。过去的一些大型民营企业，一些曾经声名显赫的人物，现在都逐渐消失了，能说他们不是人才吗？他们曾经相当有能耐，比我们的能耐大多了，但他们为什么会消失，为什么他们的企业没能生存下去？这也许跟他们的企业经营理念有一定关系，但更重要的一点，是他们在该变化的时候没有变化，该创新的时候没有创新。他们过去是有生存的理由，他们的价值观和对企业的战略设定也没有问题，问题是在如何跟上形势发展，如何不断创新。当然，更深层的理由是在文化上，要有善于创新的文化，而不是一味地“刺刀见红”。随着整个国家形势的变化，企业内部也要不断进行调整，不断进行创新。不仅是业务创新，还包括制度创新等多个方面。

第四是事业发展的文化。滴水以穿石，涓流可成海。我们每个人来到科瑞是来增长才干的，因为科瑞有一个舞台，可以实现我们的人生价值和事业追求。很多人都愿意只在一个舞台上完成自己一辈子的事业，而不愿到处跑，甚至经常“跳槽”。每个组织都有自己的文化，换一个组织就意味着换一种文化。频繁“跳槽”

就要不断磨合、不断适应不同类型的文化，其实这是一件很痛苦的事情，甚至会改变自己的性格和生活方式。因此，谁都希望能在一个组织当中创造自己的未来和事业。科瑞作为一家谋求长远发展的企业，应该能给员工们提供长期发展的舞台。即使有的员工离开了科瑞，但他走到任何一个地方，都应该是具有很强能力的人才，可以支撑起个人发展的一片天，这是科瑞这个集体具有的一种魅力，是我们科瑞文化应该具有的魅力。

走过 12 年发展历程的科瑞，真的到了需要研究、检讨和提升企业文化的时候了，否则就有可能影响我们企业的发展。今后，大家对企业文化的建设要有更多的关心和参与。我们已经处在这样一种文化当中，同时也在对这种文化进行一些思考。今后，我们要将刚性的制度和柔性的文化结合得更好，在科瑞营造出更加和谐的工作氛围。正如张维迎讲企业的核心竞争力时提到的五个特点：偷不去、买不来、拆不开、带不走、溜不掉。希望我们的文化建设也能这样，以保障科瑞集团的持续发展，基业长青。

我们永远同行 *

今年的7月，是北京近38年来最热的日子。我记得，7年前的7月，也是南昌少有的热天气。科瑞最初的几位创业者，就是在这样的气温高、心气也高的日子里走到了一起，无怨无悔地开始了我们的事业。

几天来，我一直在想一个问题：一个企业的命运和一个人的命运一样，“天时”，“地利”，“人和”，缺一不可。

1992年5月的一天，跃文动员我加盟科瑞，他说，科瑞将来会有自己的远洋船队，有自己的矿山。我来了，来之前，我就知道科瑞的注册资本金只有5万元。再早几个月，跃文让梓林下海，说科瑞将来要有自己的管理干部学院，你来负责这项工作，梓林就上“船”了。更早一些时候，志江是在还没有“远洋船队”、“矿山”、“管理干部学院”构想的时候，连5万元注册资本金也没凑齐的情况下，毅然辞职下海的。那年的7月28日，几位董事走到了一起，当时谈论最多的还是关于科瑞到了21世纪的时候，我们的企业理念，我们的人才队伍，我们的产业结构，我们的企业规模……现在来回顾这些，或许有人会说我们当时真是有胆有识，而我却越来越清醒地认识到，最主要的还是“天时”造就了

---

* 本文撰写于1999年。

我们，造就了最初的科瑞。吴明瑜主席，张万欣总裁经常跟我们说，他们年轻的时候也有很多想法，而且这些想法已经被现在的社会实践证明是非常正确的想法，却由于历史的原因没能去实现它。每每听到这样语重心长的话，我都十分感动，我们这一代人确实遇上了好机会。1992 年，小平的南巡讲话为中国的改革开放指明了方向，这就是建立中国特色的社会主义市场经济，这个思想鼓舞了包括我们在内的一大批有志于在市场经济的大潮中成就一番事业的知识分子。我们正是赶上了这样的“天时”，顺应了这样的“天时”，才大胆地迈出了那关键的一步。

这一步，所以在南昌迈出，现在想起来是有它的必然性的。从 1988 年开始，跃文就在江西这块红土地上，做过图书发售，做过最早的激光照排业务，还做过若干项化工新技术的应用推广，这些成功为创建科瑞集团奠定了良好的社会资源基础。在江西完成了最初的资本积累之后，我们便转到北京来寻找新的发展机会，从亚运村的汇园公寓，到汇宾大厦，然后是万通新世界广场，一直到今年 6 月 6 日，迁址金融街平安大厦，一路走过来，我们所得到的一切都证明“地利”对于一家公司发展的重要。

如果当初没有到北京，我们就不可能实现与亚太世纪的合并。合并之后的新科瑞，正是因为有了吴明瑜主席、张万欣总裁和向宏同志的加盟，从而大大增强了董事局的核心能力，提高了我们的整体决策水平，使我们少走了一些弯路，规避了不少市场风险。

如果我们当初挣了一点钱就当起小财主，而不是到首都来寻求更大的发展机会，那么我们就不可能有今天这样的眼界，就不可能形成这么好的发展思路，就不可能结识这么多的好朋友，我们的事业就不会像现在这样得到这么多人的关心和帮助。

如果我们不是立足北京来确定科瑞的发展战略，我们就不可能大胆地参股华夏银行和湘财证券，从而在信用社转为合作银行的情况下，仍然坚守金融产业，以较快的速度形成目前的四大板块的科瑞产业结构。

实践证明，我们只有占据了这样的地利，才有可能实现科瑞人的宏大志向，达到科瑞人的事业目标。

“天时”并不是仅仅关爱我们，“地利”也不是我们独家享有。七年来，科瑞在探索中发展，在发展中逐步成为一家以北京为中心，跨地区、跨行业的投资管理型公司。那些发生在某些民营企业的“一跨地区就散，一跨行业就乱”的大企业通病，并没有像人们所担心的那样在科瑞爆发，这一切都再一次证明：天时不如地利，地利不如人和。我们所以有今天，是因为有意志统一、坚强有力的董事局，有思想稳定、奋发向上的中高层经理，有忠诚、团结、勤奋、进取的员工队伍。我们拥有“人和”，所以我们才能不断顺应“天时”，我们拥有“人和”，所以我们才能充分占据“地利”。

早在1992年，就有人对我说：“你们这批人聚在一起，论挣钱，肯定是没有问题的，而且挣大钱也不是什么奇迹。但是，如果你们能长期做到肝胆相照，荣辱与共，不闹分裂，能够共苦，又能够同甘，历经坎坷，而最终斗志不散，那才是奇迹。”我知道他这话的意思：即使你们占尽天时地利，你们也会在“人和”上出问题。因为这不是钱的问题，而是文化的问题。当时有人根据民营企业的普遍现象推测，科瑞在三年之内一定会解体。今天，我们用事实回答了这个问题，科瑞七年的发展历史证明，我们创造了这样一种奇迹。我们还将使这个奇迹变得更长更久。

因此，我们科瑞人可以毫不夸张地说，在“人和”这一点上，科瑞可以称得上是当今民营企业中值得骄傲的企业之一。因为我们团结，所以我们成为一家很有希望的民营企业，因为我们团结，所以我们每个人不仅在科瑞得到了事业，得到了金钱，也得到了他人的尊重，得到集体的温暖，得到了有坚强靠山的那种安全感。

我想这是我们在企业文化上的成功。跃文在创业之初就提出了科瑞要“以人为本”。我想科瑞的“以人为本”，决不是生搬硬套别人的口号，而是自己的一种理性认识。正像古人说的：“老吾老，以及人之老；幼吾幼，以及人之幼。”很多人都说：“人才是企业之本”，逗号是打在“才”后面，也就是“人才，是企业之本”。而跃文对这句话有另一层次的认识，他认为，逗号应该打在“人”字后面，即“人，才是企业之本”，我们所做的一切都是为了人。科瑞董事局以及我们的中高层经理能够团结得这么好，说明我们不仅有共同的企业理念，而且在道德共识上也是能做到人同此心，心同此理，所以我们才能形成了今天的众志成城的“人和”局面。

说到“人和”，我认为它不是一个简单的“一团和气”的概念，对企业的忠诚是“人和”，同事之间求大同存小异是“人和”，全身心地勤奋工作也是“人和”，任人唯贤、竞争上岗也是“人和”。所以，我们科瑞人把“忠诚、团结、勤奋、进取”作为自己的企业精神。有了这种精神，我们的事业才有今天，我们明天的事业才能更加辉煌。

说到“人和”，我认为它也不是一个简单的内部团结问题，更是一个与外部世界共存共荣共同发展的问题。这些年来，我们得到了各级各地党和政府的关怀和支持，这也是“人和”的表现。众多外界人士对我们的支持和帮助同样是“人和”的表现。

当然，作为一家迅速成长的企业，我们也清醒地看到，规范化管理已经迫在眉睫。没有一套科学严谨的规章制度，没有一支训练有素的队伍，再往下做，我们不仅不可能保证有过去那样的发展速度，而且极有可能丧失我们已经取得的成果。过去出事是小事，因为我们小，今后出事就不会是小事，牵一发而动全身，因为今天的科瑞不论是管理范围，还是复杂程度都是过去不可比拟的。我们每一个中高层经理，每一个员工对此都必须要有高度的认识。并把这种认识落实到每一项规范管理的工作中去。

科瑞人送走了七个春秋，迎来了新的发展阶段，这是一件值得庆贺的事。同时，我们也应当看到，科瑞的第八年将是非常重要的一年。在这一年，我们的文化观念与发展着的企业规范化管理的各种各样的冲突将不可避免。为什么这样说？因为科瑞从第八年开始，在完成产业结构调整之后，将会有一系列规范和办法出台，这些都将涉及每一个人的切身利益。逐步按照现代企业制度来规范民营企业，这对于从不规范中走过来的每个企业，无疑是一次考验。在了解了许多民营企业的成功与失败之后，董事局下决心在第八年来做这件事，是一种理性的决策，也是发展的形势所迫。

科瑞是一个年轻的民营企业，我们未来的道路还很长，我们永远都要学习、学习、再学习。这些年，我们企业的发展速度明显地超过我们大家知识和能力提高的速度，长此以往，要么事业得不到发展，要么事业发展了，我们却跟不上了。仅靠胆识的时代已经过去，既要胆识又要学识的时代已经来临。未来的竞争，最重要的是学识的竞争。知识不仅是一种力量，也是每个人、每个企业最重要的资本。

科瑞集团是一家朝气蓬勃的、充满希望的企业，这个希望来自于我们的社会进步和发展，来自于我们通过七年的努力形成的社会资源基础，来自于董事局的团结和把握大局正确决策的能力，来自于经理层的敬业精神和业务能力，来自于全体员工的忠诚团结和勤奋进取。我相信，科瑞一定能够在新的一年里发挥自己的优势，克服自己的不足，抓住机遇，发展自己，迎接新世纪的到来。

我们永远同志，我们永远同行！

下篇

修身养性

三思而后行

工作中出现分歧很正常，实在合不来，可以调整岗位。在科瑞大家庭里绝不能搞“阶级斗争”，这一点每个科瑞人都必须牢记。

有的人当面奉承上司，而一有不如意就“打上司的嘴巴”，却忘了这种打法其实恰恰是打在你自己的脸上。如果上司有这样或那样的问题，你却一直要等到他批评了你之后才“抡巴掌”，居心何在？这种表现很难让人认为你对公司是忠诚的。大凡把上司的缺点作为维护个人利益的底牌的人，心术是不正的，至少思维方式有问题。

有意见可以开诚布公通过交谈来解决。谈不通，一半的可能是对方有问题，一半的可能是你自己有问题。人为地扩大矛盾，让满天下都知道你很厉害，结果搞得谁都怕你，势必沦为孤家寡人。另一方面，证明了别人不好，并不说明自己就好。

总之，为人要坦荡，胸襟要开阔，这样才能做到无私无畏；处世要冷静，做事要考虑后果，才不会干出丧失理智，有损自己和公司形象的事。

保住眼睛

上帝对比鲁斯说："你要什么，我都将给你什么，只是同时也将以双倍的什么给予你的邻居。"比鲁斯低着头，想了一会儿后，痛苦地说："就用你手中的剑挖掉我的一只眼睛吧！"上帝犹豫了一下，终于没有举起手中的剑，走了。

这些年来，科瑞人在激烈的市场竞争中的每一份所得，都是通过自身的努力实现的。对于市场给予的回报，我们总是不忘那些帮助过我们的人，即使有时在一无所得甚至亏损的情况下，也没有想过要转嫁自身的风险，这些正是科瑞几年来能够规避一次次风险并步入坦途的一个重要原因。我们从一开始就坚信：一种健康的心态，一种做大事的人的气度终会得到公正的回报。是的，我们为此而自豪，但，决不因此而自傲。要做到这一步其实也并不难，真正难的是避开像比鲁斯那样的"邻居"。

科瑞的事业是宏大的事业，所以寻找合作伙伴和扩充人员队伍，都是势在必行的事。而在做这些事的时候，我们切不可掉以轻心，必须以谨慎认真的态度考察每一位合作者和员工，哪怕仅仅是为了"保住自己的眼睛"。

记住：市场之剑比上帝之剑无情。

以小说大

以小说大，一直是当代著名作家张贤亮先生擅用的创作手法。

20世纪70年代末期的大西北，仍然当着“劳改犯”的张贤亮敏感地意识到“虽然冬天还没有完全过去，早春的气息已经拂拂动人”。然而，即便“踏破贺兰山阙”，人家仍然不肯为张贤亮摘去戴在他头上20年的“右派”、“反革命分子”帽子，向一些主流媒体上的“条陈”也不见效果，张贤亮便开始启用小说创作这块“敲门砖”，去敲社会这扇对他关闭了20年的大门。于是，我们便有幸读到了《灵与肉》，读到了《绿化树》、《男人的一半是女人》等一批精彩的小说。

小说《灵与肉》及其电影《牧马人》，曾深深感动过从“文化大革命”走过来的中国知识分子，从而坚定了他们报效祖国的决心。明眼人看得出来，《灵与肉》其实就是作者自身遭际和情感世界的真实写照和宣泄，他就是采用“以小说大”的方式，喻示20世纪中叶以来知识分子们经历过的苦难和对民族至死不改的忠诚。

张贤亮小说作品高度的思想性和艺术性，获得了人民的热爱。在当选全国政协委员，参政议政之后，旺盛的艺术创作热情促使他相继写出《河的子孙》、《男人的风格》、《我的菩提树》等一批在国内外有影响的作品，这些作品被译成27种文字在国外发行，并有9部作品搬上了电影电视。

1997年岁末，张贤亮终于写出了一部以现实为题材的非小说专著：《小说中国》。

从小处着眼，从看似很细微又很典型的生活琐事入笔，深刻探讨包括给资本主义“平反”、呼唤“精神贵族”等重大而敏感的社会政治问题。当然，张贤亮并不搬大道理来唬人，而真正是从“小”处说开去——即以作者所言之“在什么地方、在什么时候、在什么情况下遇到什么触动我情感或思考的人或事”的方式，娓娓道出亲身经历过的社会事件，以及看似琐细的事件中所包含着的重大社会政治和历史意义。

作者在书中鞭挞了隐藏在社会角落中的一些丑恶现象，他痛恨权钱交易，痛恨贪污受贿，痛恨腐败堕落。他期待着“劳者有其资”，期待着国民素质、干部素质提高，期待着“精神贵族”的出现。

《小说中国》，当然不是一部小说。一位中国的小说作家，写出一部名为《小说中国》的非小说作品，其中蕴含着作者的社会责任感，已跃然纸上。

独木桥上的文人

读完余秋雨的《山居笔记》，心里多少有些感慨。

从《一个王朝的背影》，到《历史的暗角》，书中那一篇篇流光溢彩的文字，读来令人无不为之荡气回肠。作者纵横恣肆的笔，一点一点地带领我们探入到中国延续两千余年的封建文明的深处，揭开那一处又一处历史的隐秘之光。

也许是惺惺相惜的缘故，书中处处可见的，是余秋雨先生对历史文人的那种发乎自然的感情流露。如《一个王朝的背影》，初看主题似在写避暑山庄，写这座园林对于大清帝国的象征意义，可是，略略细心一点的读者都能看出，作者其实要写的是如桃花扇的作者孔尚任以及黄宗羲、王国维等几代文人的悲惨遭遇，写汉族文化以及一批又一批的汉族文化人，对清帝国由兴至衰的深层次影响。文章最后的总结是：一个风云数百年的朝代，总是以一群强者英武的雄姿开头，而打下最后一个句点的，却常常是一些文质彬彬的凄怨灵魂。其他如《流放者的土地》写古代文人因犯“文字狱”而被流放至天涯尽头经受的苦难；《苏东坡突围》写一代文化巨人苏东坡孤独而痛苦的四年黄州贬谪之旅；《千年庭院》写教育家朱熹所遭受的诬陷与攻击；《十万进士》写中国古代科举制度对文人性格的扭曲和精神的摧残；《遥远的绝响》从文人阮籍写到他的好友——绝代琴师嵇康冤死的经历；

最后的一篇《历史的暗角》，则充满了对专事诬陷之事的“小人”们的抨击。

读书人与文化人，中国人历来混而为一。“学而优则仕”，驱使着一代又一代的读书人走向政治舞台，所谓“千军万马过独木桥”，其中竞争之惨烈，不言自明。其实，略略了解一些中国古代历史的人都知道，封建社会读书人多有被诬陷致死者，杀害他们的，固然是当朝帝王，但诬陷他们的，往往还是读书人。《山居笔记》中的例子，可谓俯拾皆是。故而余秋雨便以《历史的暗角》为结尾，为根由，为结论。

文人相轻，以致文人相逼，文人互相诬陷乃至因此致死，多有政治的因素甚或其自身性格因素。性格忠厚懦弱的文人，入仕为官，介入政治斗争，难免吃亏，甚至吃大亏；生性机敏或刁滑的文人，入仕多要占些便宜。

今时今日，读书人可以入仕为官，可以搞科学研究，也可以当教师甚而如余秋雨般著书立说，当然更可以下海经商一试身手，成为我辈民营企业界人。自由多了，选择多了，大家不用往一条道上挤了，当然自相残杀的事就少了。

对不对，余先生？

今夜无梦

人类最奇特的一种生理现象，是梦。

据说其他动物也有梦。雄狮有梦、猎豹有梦，连小羊羔也有梦。还听说，人类的梦境，原与动物们的梦没有多少本质区别。比如荤腥用多了口渴，动物们会梦到一条清清亮亮的小溪，或者一场好雨自天降。人也差不多，美国人的梦中有可口可乐，中国人也许是健力宝，或者一大杯热茶、一大桶纯净水之类。

中国著名的美学家李泽厚先生近来出了一本新著，书名为《世纪新梦》。李经宇先生向我推荐此书，说是如何如何、怎样怎样。你要是读完了，又会如何如何、怎样怎样。按捺不住好奇，索性找来一本，细细看了一遍。看完以后，闭目掩卷沉思，结果还真弄明白了一个道理：

不会做梦的人，是没有的。很会做梦的人，也是没有的。

“不会做梦的人，是没有的”这句话，也许大家都明白。话中的意思，恐怕也不会有多少人反对。“不会做梦的人，是没有的”，我想是指人人都平等，大家都会做梦，梦境里出现的人和事，其实都差不多——你能当将军，我为什么不可以？你会用电脑，我也能学；你的公司今年赚了两千万元，我的企业来年兴许能赚两亿元！

“很会做梦的人，也是没有的”这句话，就不见得每个人都同意了，但至少我同意。

有些人认为，自己就是比别人强！在他们的梦里面，自己从来都比别人高明。高人一等的梦，当然不是好梦，做这一类梦的人，当然更不能算是“很会做梦的人”。梦想总是要站在现实的基础之上，否则就不是梦想，而是痴心妄想。

读完《世纪新梦》，还明白了一个道理：明日须努力，今夜应无梦。